KUWEI

酷威文化

图书 影视

纳兰容若词传

孔祥秋 著

江苏凤凰文艺出版社
JIANGSU PHOENIX LITERATURE AND
ART PUBLISHING, LTD

目录

第一章

花骨冷宜香

朱帘斜控软金钩

叶赫那拉，那是大姓，在那不远不近的时光里，在清朝。

对这姓氏，真说不上喜欢，总觉得有些阴森的味道。曾经，看一本黑白的画册，那一页，慈禧扭曲的脸，再配上长长指甲套的特写，在那昏黄的油灯下，便惊悚了我的童年。一岁一岁，在心里。

对于这姓氏的厌恶，似乎也只限于这位叶赫那拉氏，其实，再无其他。

慈禧，孝钦显皇后，这位十七岁进宫被赐号兰贵人的女子，竟然渐渐统领了晚清的光阴，摄政近五十年，将本来铁马强弓的山河慢慢调制出了一股腐旧的味道。江土，一寸寸糜烂，无可收拾。

其实也不必一味地责怨这样一个女子，那时那刻哪有个有肩膀的男子可担当那段岁月？那里，真的没有这样掷地铿锵的承诺。

好在，她的大清亡了。一种凋敝，似乎意味着一种萌发，山河才因此有了迎来另一个春暖花开的机会。裹着她那一双大脚的白绫，也就一层一层扯开来，一段光阴渐渐散去了陈腐的气味。只是此起彼伏的军阀之乱，再次让万里江山充斥着呛人的硝烟。日子在艰难的呼吸里，穿过一场又一场离乱的战争，向今天而来，这才让人们在当下暖暖的阳光里，回望岁月深处的风景。

日月明灭闪烁，时光黑白幻变，沧海成桑田，那些曾经富丽堂皇的王朝，不管是如何的风云激荡，也终是远方虚无的背影。

历史里，对于唐宋多是大喜欢，并不仅仅是因为那朝代的强大繁荣，远方里，那唐瓷的华丽，宋瓷的儒雅，以及让千古难以释卷的那唐诗宋词，使多少人总有梦回那时的情念痴想。

对于明清，却是少有人牵念的。不过，这两个朝代的称谓，若是单单从字面上来讲，还是挺文艺、挺通透的。不是吗，明有日月，清于水青，挺完美的拆解，但对它们的爱，似乎又打不起什么精神来。

明朝，感觉真没有明艳的格调，意识里是一片模糊。

清朝，也没有清澈的样子，只有北方游牧民族的马蹄踏起一片混沌的烟尘。

其实，也不能否定得一无是处，两个朝代毕竟都绵延了近三百年的时光，朝纲的引领还是自有独到章法的。明朝，那也是汉唐之后的黄金时期，只是南北朝都的迁移，给了人们脉络不清的误读，有些重点错乱的感觉。还有开国皇帝朱元璋，那"珍珠翡翠白玉汤"的调侃，"火烧庆功楼"的妖魔传言，还有景山枯树上自缢的崇祯，让一个朝代变得不够大气堂皇。

清朝算好了许多，毕竟曹雪芹老先生的《红楼梦》写得太经典了，它是这个朝代的大荣耀。不过，每每想到《红楼梦》，是很难想到清朝的，这样的皇皇巨著，是穿过了朝代的束缚，属于这片土地上的每一段光阴的。辉煌的红楼，委顿成废墟，这就是岁月真实的兴衰起伏。

当然，清朝还有大才子纪晓岚、刘罗锅子刘墉等常常在影视剧目里嬉笑怒骂的人物。当然必须还有与这两位唱对手戏的和珅，他，虽然是一代大贪，但少了他似乎就少了逗乐的清朝。不过，这是文艺的需求，清史还是严肃了许多，如果一段朝代的岁月只是如此嬉戏笑闹地度过，那实在是太荒唐了，若是再加上慈禧老佛爷最后的迂腐，这样一个国度，实在就只是历史里最大的笑料了。

清代，作为中国历史上最后一个封建王朝，还是很有质感的时光，毕竟还有康雍乾三代盛世繁华，似那踏过长街的嘚嘚马蹄声，惊艳了一段光阴。

康熙、雍正、乾隆三位皇帝，很多文艺书典、影视作品之中多有夸赞，可后两位总是觉得不够高大霸气，也只有康熙说得上威武。这位被称为大帝的皇上，还真是很有大帝的风范：八岁登基面南背北，十四岁亲政即能纵横朝堂，在位六十一年统领天下，联合四海，开创了康乾盛世的好局面，被称为"千古一帝"。

这，是清朝一段清亮的印象，在一段岁月里，占据了厚厚的页码。

说到康熙，总会想起那时候权重一时的大臣——纳兰明珠。

这姓氏，这名字，只看了一眼就记住了。尤其是纳兰这姓，泛着诗情的文艺味，里里外外透着一种玉质的纯净玲珑，文静地闪烁在人们的心头。明珠这名字还是差了些，虽有宝器的光泽，却泛着庸俗的浮质，和那姓氏有些不配。

的确，纳兰明珠的家世满是珠光宝气，他的祖父金吉台是叶赫部统领，金吉台的妹妹嫁给了努尔哈赤，是皇太极的生身母亲。纳兰家族与大清皇室有着至亲的血脉情缘，交织着荣辱爱恨。

纳兰的家族虽然不俗，但纳兰明珠自有自己的过人才智。初入仕途，他也不过是康熙身边的一名侍卫，如此淹没于统一服饰的人海里，是很让人沮丧的，这实在难以出人头地。纳兰明珠却不甘心"明珠"暗投，他总抢先一步，看懂皇帝的眉眼，也就很快成了康熙的掌中"明珠"，闪耀在朝廷的殿堂。

随着纳兰明珠对朝政的参与，渐渐显露出了权谋之途的机智。淮扬水患的疏浚，更是彻底打开了他官场的通道，从而步步高升，权倾朝野。当然，为实现康熙的政治抱负，他的确也是呕心沥血，日夜操劳。不管是南撤三藩，还是北抗外敌，抑或东进平复台湾，他都与皇帝步调一致，一时成为与另一重臣索额图同行于朝廷的唯二要员，是王座之前走动最勤快的臣子。

相对于纳兰明珠，索额图家世更显赫，似乎也有更大的功绩，为擒拿鳌拜立下了不世之功，从而使康熙真正掌握了朝廷大权。这样的人物，确实更应该得到皇帝的重用。事实上，康熙也一直是这样厚待索额图的，给了他无上的荣誉。不过，索额图自诩功高遮日，渐渐为所欲为起来，有了"翻手可为云，覆手即为雨"的傲慢和专横。这，的确是为臣的大忌。历史的册页里，有太多太多与此相似的悲剧，最后的结果都是人们意料之中的相同。

说来纳兰明珠与索额图，同为正黄旗的子弟，本应相互唱和，共辅朝纲，但两人政见的不同，注定了一场又一场的明争暗斗。

刚猛的索额图在康熙的一次次暗示下还是毫无收敛，甚至更加跋扈，终于败给了阴柔的纳兰明珠，只落得饿死在牢狱之中的结果，还被康熙斥责为"朝中第一罪人"。从此一枝独秀的纳兰明珠，也就更加春风得意起来，纤尘不染的炫丽朝服，成了京师一面呼风唤雨的旗帜，在皇城的大街自在地舒展着。

这里，记起一段轶事。说是一个百姓说了一句"明儿"的方言，就被官吏捉进了大牢，因为犯了前朝明代"明"字的忌讳。如此，纳兰明珠这名，该是多大的忌讳呢？但却毫无因此受到皇帝哪怕一点小小的惩戒，反而是步步高升，位极人臣。看来，很多事情并不是传说一样的荒诞，在这里，至少也说明了康熙还是一代开明的帝王。一个纳天下于心中的皇帝，又岂能拘泥于一个字的小节？不然，哪能开拓出一个康熙王朝？

当然，纳兰明珠并不如他的名字这样光明磊落，在清册的历史里，他似乎和后来的和珅一样，是一代巨贪。权倾朝野之时，他也犯了索额图的错误，肆意地结党营私起来，同样讳了皇权的大忌，终是被除去顶戴花翎，扒下朝服，落魄于角落，苟延残喘。虽然经年之后又复入朝堂，却已经是秋风凉凉，再无珠光宝气的璀璨。在康熙漠然的眼神里，萎萎缩缩不得伸展。

有谁知，这位官场里长袖善舞的纳兰权贵，竟然是大词人纳兰容若的父亲。这，不知让多少人目瞪口呆。

一个仕途上左冲右突的风云人物，一个诗词里翩翩起舞的情怀公子，这对血脉至亲，惊艳了一时光阴。

觉罗氏，纳兰容若的母亲，是英亲王阿济格的五女儿。

阿济格，清太祖努尔哈赤的十二子，虽然武可纵横疆场，但却是一个没有政治思维的莽夫，竟然在多尔衮死后，也想学这位胞弟当什么摄政王。一时的野心，也就毁了大好的前程，为此还连累自己的儿子一并被赐死了。好在帝王刀下留情，并没有再祸及他的众多亲眷。

纳兰明珠迎娶这位罪臣之女，也算是很有勇气的，毕竟阿济格的罪祸之事刚刚过去不久。工于心计的明珠，在这段情感里是否埋藏了权谋的丝线？那时的人们猜测着，后来的人们也猜测着。只是，没有找到明显的破绽。

猜不透的人心，更似那猜不透的日月。

阿济格的这位女儿，也许是天长日久耳濡目染，便继承了父亲暴烈的脾气。相传纳兰家府中有一位侍女，伺候明珠起居，纳兰明珠夸了一句"手真白"，不想，觉罗氏就立即将侍女的一双玉手砍了下来，当作礼物送给了纳兰明珠，真惊得纳兰明珠张口结舌。另一侍女，长得柳眉杏目，很有闭月羞花的韵味。那日，纳兰明珠不由多看了一眼，夜晚，纳兰明珠就收到了妻子送上的一个锦盒，那里面竟然就是这侍女的一双眼睛。

　　如此残暴的女子，竟然是纳兰容若的母亲？

　　一个有着屠夫的执刀之手，一个却是书生的握笔之指，如此的男女，却是母子相系，实在是让人无法想象。我，至今只相信这是以讹传讹，甚至认为纳兰容若是明珠的另一个书香婉约的侧室所生。然而，这只是我的一厢情愿，纳兰明珠虽然权重一时，但似乎只贪爱钱物，并没有什么香艳的传说，一生也不见有侧室的记载。

　　一个权位如此显赫的男人，能容得一个专横跋扈的女子肆意妄为，也许这的确就是真爱。

　　清雅脱俗的纳兰容若，与这位心机重重的父亲，与这位不见贤淑的母亲，与这个重楼飞阁的家，似乎有些格格不入、泾渭分明的味道。

　　他的家，太仕途烟火，而他，太月白风清了。也许正是一池浊水，才培育了一株醒世醒心的莲。

　　又后来，知道了纳兰容若的纳兰，竟然还和慈禧的叶赫那拉是一个姓氏的汉字音译，更是惊得我目瞪口呆。

　　我不敢相信，我不愿意相信。

　　许多人也不愿意这么相信吧！纳兰容若之后，文字里也少见纳兰，渐渐多了慈禧的那拉氏。的确，他和她，是两种不同的品质，是截然不同的人性存在。

　　一个虽在华堂，却是心在乡野的芝兰，饮露沐月，清雅有爱。

　　一个垂帘皇宫，虽面南背北，但心多苟私，食金吞银，毫无天下大志。而且，我总觉得她会时不时地将那长长的金护甲，从帘幔后边伸出来，刺向每一个不肯屈服于她淫威的臣民，刺向每一个安详的人家。一个辽阔的国，就此千疮百孔，不可救药。

他的纳兰，她的叶赫那拉，无丝毫勾连，品质给了他们一个斩钉截铁地了断。

纳兰容若之后，再无纳兰，只有悠悠香魂迷漫在诗词之间，若隐若现，惹谁的心忽近忽远。

坐在自在的一隅，想一想纳兰容若那首《金缕曲·赠梁汾》：

> 德也狂生耳！偶然间、淄尘京国，乌衣门第。有酒惟浇赵州土，谁会成生此意？不信道、遂成知己。青眼高歌俱未老，向尊前、拭尽英雄泪。君不见，月如水。
>
> 共君此夜须沉醉。且由他、娥眉谣诼，古今同忌。身世悠悠何足问，冷笑置之而已！寻思起、从头翻悔。一日心期千劫在，后身缘、恐结他生里。然诺重，君须记！

家在哪里？淄尘京国。家门贫贵？乌衣门第。

如此深居京城，家如东晋王谢豪门的纳兰公子，竟然毫无纨绔之气，着实让人惊讶。别的不说，一句"身世悠悠何足问"，就让人千番思量。此时，真的有些后悔去了解纳兰容若的家世了。他就是他，卓立世间，是不污于泥，不妖于水的莲花，只有情丝缕缕千般绕心。

纳兰容若，唯一的他，独立于清朝那段时光里，只在绰约的词中优雅。

近代学者王国维说"纳兰容若以自然之眼观物，以自然之舌言情。此由初入中原未染汉人风气，故能真切如此。北宋以来，一人而已"。

晚清，同为词人的况周颐，亦说纳兰为"国初第一词手"。

纳兰容若，任水清水浊，只把心事开成佛前的莲花，一瓣一瓣花羽凋零，像船，载千般的惆怅。在风的呼吸里，亦远亦近，亦纵亦横，无桨无舵更无岸。

初时的清朝，竟然就有看不明、猜不透的纳兰容若。也难怪，这名字的确带着烟岚。

没有谁可以在雾里读懂远山，没有谁可以在月里读懂流水。越是朦胧，却偏要用心，看一眼，再看一眼，想了结自己的痴念，但只能在起伏的脉络里，猜一个大概。

　　纳兰容若不言不语，只顾在宣纸上写下他的词。

急雪乍翻香阁絮

冬郎，他叫冬郎。

一句冬郎叫得很乡间，很原野。他可是门相依，墙相连，窗相望的邻家少年？一路呼喊着，奔跑在长长的田埂，窄窄的街巷。然后是一声脆脆的应答，若枝头一朵悠然的花，一枚安然的果。

朴素的名字，朴素的光芒，却照耀着金屋华堂的豪门。

公元 1655 年 1 月 19 日，顺治十一年甲午，农历的腊月十二，飞雪如梦，整个北京城银装素裹，本就渐浓的年味，经如此濡染更重了许多。

三百多年前的这场大雪，也许并没有谁在意，有谁知，这场雪只为一个才华惊世的男子而来，为他铺展开一生风花雪月的场面。使他，锦衣华服都不爱，只爱这素梦如雪。

一阵婴儿的啼哭，让纳兰府宁静而略显紧张的气氛中刹那间绽开了阵阵欢声。那些踏雪而来的喜贺，那些如梅盛开的祝福，这似乎比春节还欢欣的喜事，成了明珠家最火的春联，最亮的红灯，最美的窗花。

花墙边的几树梅，真的就在刹那间开了，点点美，串串香，远胜往年。传说江南小城有一枝向北的梅含苞日久，却迟迟不开，而这一天，也悠然绽放。千里迢迢，隔山隔水隔云雨，有谁说得透，这遥遥相望的缘？虽然雪落梅开是这般诗情画意，却也意味着一种薄凉入怀。腊月，的确是梅的一种宿命，花求报春，根却在苦寒。

梅，"贵疏不贵繁，贵合不贵开，贵瘦不贵肥，贵老不贵新"，以虬劲嶙峋为美，如此雪中望梅而生的冬郎，或许就注定了疏朗一生，情怀难展，惹一身惆怅瘦。

一个男孩子出生了，他叫冬郎，是纳兰明珠的长子。

诞生在王公门第的孩子，那些华丽高贵的名字，才应该是他人中龙凤的外衣。可他，竟然叫冬郎，这似乎有悖常理。当我们沿着他家族的脉络细细探寻，才懂得这并不出乎意料。纳兰的先人，原是纵横北方山水的民族，打马草原，啸风唤雨，眼都是饮冰卧雪的豪放。只是入关后，渐渐安逸了时光，更陷于高墙官袍，也就拘束起来了。起一些更文艺的名字，来装点愈来愈华贵的门第。而劲草一样民族的本真的味道，也就渐渐淡远在层峦叠嶂的远方。

冬郎的乳名，其实是真真实实地映衬出了他们血脉里自在的心性。根，原本在野，在那莽苍之中。

清太祖努尔哈赤这名字的意思竟然是野猪皮，还有他的弟弟舒尔哈齐，竟然是什么三岁野猪皮的意思。那种女真人逍遥的情怀一览无余，那种栉风沐雨的狂野尽情释放。

回望历史，一个一个的民族，似乎更个性鲜明，呈现出独特可爱的块块方阵。当下的今天，两两之间的同化，已经模糊了彼此。只有更偏远一些的部族，因为接近田野，也就还保持着曾经的味道。喊一声，唤一句，就是草长莺飞。

其实，乳名才是贴心的实实在在的爱。早些年，多少孩子的名字，都是那么野趣横生，爹亲娘亲兄弟姐妹的滋味，是割不断，舍不了的丝丝缕缕的乡情。只是一些小有发达的人，却视这些所谓的小名为耻，一而再再而三地遮掩。我倒是认为，这是对老一辈人真爱的忽视和辜负，着实有些可惜。想那轻轻地一声呼唤，柔软了多少泪眼，温馨了多少夜梦，氤氲了多少初心。

当下，很多孩子的名字，听起来很文艺，很幽雅，却多是经不得风雨的意味，实实在在少了踏踏实实的质地。名字和心，也都是一样脆弱了，丝毫碰触不得，不经意，也许就是一地破碎，难以收拾。在山河大同中，最不应该丢失的，是民族本真的坚韧。有根，才最具未来，才有锦绣可期。

清朝最初的峥嵘，正是以北风苍劲的英雄，融合南方水脉的波光，将一个朝代推向文韬武略的顶峰。

那个云烟蒸腾的远方，有谁知道，那个号为"清朝第一词人"纳兰容若，还是康熙身边的一个带刀侍卫？以词惊天下的他，其实，刀，才是他的根本，是他安身立命的本分。漠风里，他也曾雄关立斜阳；滇池边，他也曾旌旗舞雾嶂。

或许，他不是功绩簿上声名赫赫的那几个，人们就忘了他弯弓搭箭，追风逐月的流星一射。只因家家争唱的一本《饮水词》，他就成了纯粹的词人纳兰容若，素衣秋水，情爱长天。

冬郎，竟然就是纳兰容若，就像粗布的衣衫，包裹着一个优雅的灵魂。但并没有因为他有这样一个泥土味的小名，就有谁用异样的眼光去看他，反倒觉得他更让人喜爱了，少了许多疏离。

放下他纳兰容若的名字，唤一句草青水清的冬郎，他那些柔软的词句，一下子便在心中悠悠地洇开来，漫过情感深处呼唤的地方，一片绿草茵茵，一片野花盛开，还有一溪流水，潺潺而近，又潺潺而远。总让人有赤着双脚奔跑的冲动，或坐下来，等一缕清风，等一个人来，说说幽怀。

有人说，纳兰容若的小名叫冬郎，并不是他父亲明珠一次自由的心性呐喊，传说是因为唐朝诗人韩偓也有这样一个名字。韩偓才情过人，很小就有了名气。他的姨夫，也就是大诗人李商隐，看了十岁的韩偓写的那句"连宵待坐徘徊久"，也不觉感叹道："桐花万里丹山路，雏凤清于老凤声。"他说他老了，不如孩子的诗意更清新悦耳，不如孩子更有春风万里的仕途。

几岁的孩子，竟然让大诗人连声叹谓，纳兰明珠借用韩偓的小名，是希望儿子也能少小成名，呈现"雏凤清于老凤声"的才华。

我倒是觉得这是人们牵强附会的联想。纳兰明珠虽然精通汉文化，但他是希望孩子纵横政途，而不是祈求他擅长于诗词的才学。从他日后对孩子人生道路的铺设，似乎也证明了这一点。再者，韩偓的仕途也没有春风万里，人生也只能用潦草来形容。明珠又怎么可能希望孩子像韩偓那样，困苦于仕途，郁郁不得志呢？

不管这传言是真也好，是无端的猜想也好，诗中少年韩偓，词中少年纳兰，一样可爱。何必在童心上说仕途？那是伤害清澈和单纯。

好吧，反正那是冬天。

好吧，反正那是雪天。

在那素洁的天地间，毕竟落下了孩子一朵一朵，和那雪花一样最美的童音。他是雪化的词，他是词中的雪，一个干净单纯的词话。

冬郎，愿这是纳兰明珠心中的自由之味真情绽放，是无拘无束的灵魂奔跑。

不管叫得多么自在，孩子毕竟是生于富贵之家，是含着"金汤匙"来到世间的。纳兰明珠将儿子托在掌心，在一阵欢欣的把玩之后，终于又给孩子取下了郑重其事的名字——纳兰成德。

这才是明珠汉文化底蕴的真实展现。"成德"，在古代的典籍里时不时地闪现着。

《易经》说："君子以成德为行，日可见之行也。"

唐人韩愈说："左右前后，罔非正人，是以教谕而成德也。"

《宋史》中说："惟俭可以助廉，惟恕可以成德。"

南宋老夫子朱熹在他的《论语集注》中写道："言学者当损有余，补不足，至于成德，则不期然而然矣。"

……

明珠想到了哪一句，才给儿子取了"成德"的名字呢？成德，有盛德，有成就品德等等解释，但都是意在品德美好的意思。

那时，纳兰明珠二十岁，正是青春年华，还不曾在政治的油污里混个年深日久，对孩子有这样漂亮的品德期望，诗性之美，也许是符合了他青葱的心情。若是晚些年才得儿女，不知会取个什么老辣的名字。一定俗气得像他明珠的名，规整得像他端范的字，没了生趣，没了活泼。纳兰容若的几个兄弟，似乎真的没了这空灵如雪的名字，多了老气，多了俗气，还透着官场上油腻的气息，实在无力鲜活。那几个兄弟，似乎"德"行，也远不如纳兰容若。

期待的暗示，常常能激发人的心智。正是纳兰明珠第一次做父亲，对长子倾入了最真的爱，也许因此使得纳兰成德才情无边。后几个孩子，他似乎就少了兴趣，他们也就一个一个平庸了许多的吧。

纳兰成德，的确承载了父亲最多的宠爱，最多的期望。

成德，与后来著名的避暑山庄承德同音。承德，原为热河，1733 年，雍正以承受先祖德泽之义，改热河为承德。这里，也反映了与汉文化的融合，同样也是"以德为首"的清人追求。他们从偏远而来，力求博大，这是一种自然的心性使然。没有谁希望将自己变得渺小。山海关前稍事犹豫，他们还是汹涌而来，直取中原。他们把握了这个机会，在华夏文明里写下了属于自己独有的篇章，成为承上启下的紧密一环。

纳兰成德，果然有德，应了父亲明珠的初愿，应了他的名字，红尘里，他就是那"浊世翩翩佳公子"。

除了出生时的那场雪，少时的纳兰成德是没有经过风雨的，然而，锦衣华被的遮盖似乎没有阻挡住那场冷雪的侵袭，他，总是柔弱多病。这样的体质，让他在盛壮的父亲、强悍的母亲面前，显得更加柔怯无力，也就让他敏感于情意，多情于真心，向往着自然的柔软以待。

纳兰容若，一朵新雪，在尘世里挣扎纠葛，在情感里迤逦凄切。

> 凄凄切切，惨淡黄花节。梦里砧声浑未歇，那更乱蛩悲咽。
> 尘生燕子空楼，抛残弦索床头。一样晓风残月，而今触绪添愁。
> ——《清平乐》

作为纳兰明珠的长子，容若在千娇万宠中开始蹒跚而行，小小的脚丫，在府中踏出一片片的花瓣。然而他的眼神里，却少有欢喜，总似一泓无尘的泉水，清澈而空灵。周岁那天，他面对眼前琳琅满目的物品，竟然冷静得像一个智者，左右地查看着。当他忽然拨开诸多杂物，抓起那管竹笔的时候，家人心中一阵惊喜。这样的文墨之爱，也许预示着将来的容若才学千古，仕途发达。然而，小小的容若并没有罢手，而是又爬向另一端，抓起了一枚珠钗。这让父亲纳兰明珠立时惊讶当场。

右手毛笔，左手珠钗，容若一脸的激动，在那里尽情地挥舞着。

命运的船，穿过岁月的河，激起怎样的波澜？人们总要在掌纹里寻找答案。纳兰明珠在抓周里探寻儿子一生路途，得到了这样一个亦喜亦忧的暗示。竹管在手，预示着学识滔滔，可绘伟业宏图；而紧握珠钗，却又意味着情意浓厚，多纠葛于红颜美人。自古多少英雄，竹管、珠钗难以两两把握，多是情海沦陷，事业荒芜，导致一事无成。

人的一生，其实各有使命。经天纬地是为英雄，耕花饮月又何尝不是幸福呢？然一生岁月，志可有高低，若只陷于珠钗之欢、脂粉之爱终是为人所鄙视。若只苦求于事业攀登，不闻世情，似乎又有遗憾。《红楼梦》中的贾宝玉抓周时，就只贪爱胭脂香粉，为此惹了贾政动怒，很不喜欢这个珠圆玉润的儿子，料定他将是一个沉迷于酒色的琅珰公子。长大的宝玉，虽然不是花色少年，但确也是迷恋脂粉，丧失志向。相传乾隆读完《红楼梦》一书之后，断然道："此乃明珠家事也。"的确，贾宝玉与纳兰容若有几分相像，同出生于贵胄之家，多惹红尘情事。而纳兰容若的诗词中，也确实有多处"红梦"二字的浮现：

> 别绪如丝梦不成，那堪孤枕梦边城。因听紫塞三更雨，却忆红楼半夜灯。
>
> 书郑重，恨分明，天将愁味醉多情。起来呵手封题处，偏到鸳鸯两字冰。
>
> ——《鹧鸪天》

> 晚妆欲罢，更把纤眉临镜画。准待分明，和雨和烟两不胜。
>
> 莫教星替，守取团圆终必遂。此夜红楼，天上人间一样愁。
>
> ——《减字木兰花》

更在《饮水词·别意六首》之三中写道：

> 独拥馀香冷不生，残更数尽思腾腾。今宵便有随风梦，知在红楼第几层？

一句一句，如此念想着红楼，便让人猜测纳兰容若就是贾宝玉的原型。

但纳兰容若却从不嬉戏于红衣粉裙，不仅文精古今，而且武通刀弓。他，是远胜贾宝玉的富家公子。但一个情字，却也换来他一声声叹息，一句句惆怅。以至于，衣衫满清泪，落笔，是一卷千古伤心《饮水词》。也难怪高鹗臆想他一身袈裟而去，了断尘缘。

春情只到梨花薄

少年那时，与谁相遇，与谁相识又相知，或许就是一生的心心念念。若她是那青梅竹马，更就是那新雷初月，香在初心，情染窗纱。如果有来生，也定会踏破山水，不畏惧千难万险，期待又一次相遇。问一声，还记得否，那些春花丛里追蝴蝶，那些夏日清晨寻豆娘，还有那懵懵懂懂相牵的小手，还有那羞羞答答低眉的笑脸。隔了那远远的一世，依然是点点清露在心头的悠悠然然，圆润的闪烁中，有她前尘的影子。

天涯再远，又怎么远得过前生？情天恨海，让多少人叹成诗词万千。

纳兰性德可是前尘欠情债的那个他，来寻今生的再相逢？他生于贵胄之家，却是情愁若海，不以富贵为炫耀，总以词心写红尘。他的世界是鸟语花香，月白风清的幽静，有丝笛吹流水，有管弦弹雨珠，缓是溪水绕竹楼，急是骤雨打芭蕉。

世有公子玉树临风，可有佳人在水一方？

谁不爱呢？这样一个纳兰公子。策马，他是刀弓少年，刀劈九连环，可斩英雄旗；箭射流星闪，一击鬼魂寒。更是那一袭青衫，口吐平仄韵，吟唐诗，唱宋词，歌元曲，让多少才如满月的学士汗颜。

血脉里奔涌着塞北风雪的纳兰容若，前世可是江南的士子？手中书卷常展俊雅之才，袖中玉箫常奏风流之曲。在北方的都城，卓立于清寒之中，是独自的高雅。风很硬，他却表现出一种比宫墙更坚强的韧性。因为他知道，金樽之食，绸缎之衣不是他的爱，这些无法遮挡他心中与生俱来的寂寞。他要把心交给这个世界，交给这自然。他要的，是花开花落一样自由的呼吸，琴瑟合鸣的相随相依。

是的，他叫纳兰容若，也叫纳兰成德，后来为避讳皇子之名，又改叫纳兰性德。其实，他更叫冬郎，这样一个名字，似乎就是一个暗示。或许真的有一个寂寞的前生，他的她，在繁花里远去了，他却依然等待，只等到万花黯然，只等到千树清寒，只等到百里白雪，他，依然站在那凄冷之中。这一等，就到了今生，他始终相信，他的她是无奈地离去，他始终相信，他与她会有今生的相遇。无论是落叶萧萧的秋，还是风雨凄迷的冬天，他无怨无悔。

情深三生三世的男子，真是傻到无心，一笔一画写下多少凉到人心疼的诗词。三百年，依然能感觉到他那鲜活的痴情，读来，让人不觉就泪湿书卷，夜不能寐。

这样痴情的男子，上天怎肯再违了他的心，一定会给他一段刻骨铭心的爱情。的确，在纳兰的诗词里，我们也隐约读到了，他少年时代的一段情感，虽然如初月那样只是淡淡的一弯，却是他心头汩汩流血的怀恋。更加上他在诗词里对于"红楼"二字的念想，便更让人猜测纳兰就是贾宝玉的原型。再者，曹雪芹的祖父曹寅，和纳兰性德曾经同为康熙的侍卫，多有交集。曹寅的诗句："忆昔宿卫明光宫，楞伽山人貌姣好。"纳兰容若的号正是楞伽山人。作为后辈的曹雪芹，一定从祖父的念叨里，对那位名扬天下的明相的长子，有相当的认知。在他的笔下，会有"貌姣好"，一代翩翩词公子的音容笑貌。

《红楼梦》里那个总脂粉里嬉戏的贾宝玉，忽然间天上掉下来个林妹妹，有绝世的容颜，更有不世的才情，如此，就惊到了他。原本嬉戏无心的宝玉，忽然就疼爱了。人说黛玉与宝玉是前世的相遇，百转千回来到潇湘馆，虽然是为爱而来，却因那潇湘竹的斑斑泪痕，注定又是一段难以白首百年的恨缘。带着满满的情而来，空空的心而去。前尘爱无期，今生情又难了断，来生呢，又惹怎样一段爱恨？宿命难违，只碎了一梦红楼，残垣断壁写尽悲凉。

潇湘馆里的竹影，疏密有致，其实，这的确是纳兰容若一生的喜欢。

纳兰容若，他是那宝玉，她的黛玉呢？

他，真的也有一个表妹。这是怎样的一个她？依《红楼梦》版本，那她和纳兰容若，也当是姑表亲。可史料里，终是不见她具体的身影，为何而来，又为何而去，没有谁说得清楚。或许小女孩也曾有显赫的门第，只因陡然的变故，这才寄居在纳兰府中，有了和表哥纳兰容若的相识，有了这青梅竹马的相遇。

前世，谁欠了谁一个回眸一笑？只留下浩渺无边的灯火阑珊。谁误了谁的青春流年？只剩下青灯伴着经卷。今生相见，才知道彼此是心中那个期待了许久许久的守望，是众里千百度寻觅的那个她和他。深院红梦，落花书卷，这些情怀的道具，只等他们共读西厢的风花雪月。

表妹叫惠儿。

纳兰容若和表妹惠儿的传说，在史料中只是一片朦胧的清风明月，无处寻找到清晰的勾描。她是一片云的到来，也注定是一片云的归去。青梅竹马，多么美好纯真的词语，可有多少青梅竹马能共赴白首？少小的相遇，只为还前生未了的情吗？懵懂的欢喜，终成了冷冷的空恨。假如有假如，多少人愿意用青梅竹马，换偶然邂逅后的百年牵手？纯情变真爱，更了却多少遗憾。

他和他的表妹，却偏偏相遇在孩提，偏偏是那青梅竹马。秋水含情的双眸，玉箫唱月的深心，注定了这是花开无果的殇。

初相见，她是含苞的荷，绿意轻浅，微红素淡，不着丝毫尘烟。只有一丝清澈的张皇，拘束着她的眼神，而她眉间的浅愁，更惹人许多的怜。站在纳兰府高大的门外，小小的惠儿显得茫然和孤独。纳兰容若走过去，轻轻牵起了小表妹的手，指尖相触的一刹那，两颗小小的心就化在了一起。惠儿的那份慌张，也就变成了欢喜，也就成了那个二月，心头摇曳的嫩柳，丝绦低垂，探寻着春水的冷暖。

有怎样的陌生，怎样的忧愁，能够彻底禁锢孩童的心呢？

也许她真的从悲痛中走来，从孤苦中而来。可她与她的表哥相遇了，她的童年从此鲜亮起来。那辆送她而来的破旧马车，已经吱吱呀呀地掉转车头，驶向了远方，留下她和表哥，在灯火璀璨的王城里。

豪门深宅的威严，本没有多少自在的生趣，两个孩子的相遇，却让亭台楼阁间，渐渐充满了欢乐的笑声。从此，她是他的惠儿表妹，他是她的冬郎表哥，他们所到之处，就是朵朵花开，就是缕缕青藤。七岁的纳兰容若，更加乖巧，不仅勤于刀剑，也工于诗词。晨光或月色里，也偶尔吹一曲玉箫。贵胄子弟，如此少小发奋，成了皇城中的佳话，成了满人大小府邸骄傲的谈资。

和表妹的相遇，是纳兰少年时光别开洞天的转折，他用各种姿势，博取着惠儿软软的眼神。他在小小的校武场上弯弓射中靶心时,表妹为他擦去汗珠的刹那,他有了异样的心跳。她陪他读书,为他研墨时,手与手的碰触,她也有了脸红的羞涩。童心如此轻浅,轻浅得如透明的秋水,映照着岸柳,映照着云朵,映照着小小的她和他。

风,可以吹过花间,也可以吹过心间。这吹过心间的风,有时更诗情画意,尤其在这少年的三月,那就是蝴蝶的翅膀,在花蕊上轻轻地扇动。惠儿第一次刺绣,手帕上绣的是一点的红,一抹的绿。虽然是如此简单的花草,她却绣了好久。每一根丝线,她总是选了又选;每一次穿纳,她都小心翼翼,不肯有一点的乱,不肯有一点的错。她说那红是她,那绿是表哥。一红一绿就是他们的春天——红不落、绿不枯的春天。不向夏天奔跑,不向秋天老去。

那手帕,她送给了纳兰。因为在这个富贵的纳兰府中,她只有和表哥在一起,才真正感觉到了温暖。她小小的心中,只有一个天真的祈愿,她和她的表哥是永远相伴相随的红绿花叶,是深宅里最快乐的颜色。

那一天,纳兰也将自己心爱的古琴送给了惠儿,荷花池边的亲水台,他手把手教表妹拨响了第一个音符。这共同奏响的音符,露珠一样轻轻滑进水中,来年,那水中开出了一枝并蒂莲。童话,很美,勾起了多少人心中的笑意,但没有人相信,可他们相信,相信那就是他们的那个音符的盛开。年年,都会开,年年,他们一起看那莲。

那莲,年年看,却不是年年并蒂。慢慢地,他们长大了,原本两小无猜的欢闹,渐生青梅竹马的情愫,蓦然间,就有了羞涩。十五六岁,正是青春梦飞扬的年华,一个举止若月,谈吐优雅;一个形若莲花,情似春风。时光的蝶变,让他们有了翩翩而舞的姿势。他们相约了,第一次真正的相约。花园深处,身边只有蝶在飞,只有花在开,只有鸟在鸣,他们什么话也没说,只有目光轻轻地碰撞,彼此的心就已经清澈见底。清澈里,有软软的水草。

夕阳渐斜,在那座爬满凌霄花的小亭里,他们真正懂了彼此。那花影外,新月渐起,像一弯小船,在云朵里飘摇,荡起一夜的梦呓。

明月夜,是可以抒情的时刻,可是那光怪陆离的斑影,却又生出许多的忐忑。其实很多人不懂，只沉溺于那柔软的光影，却忽略了那些横生的枝丫。或许只有命运，早已听出了纳兰容若那晴光潋滟的箫声里暗涌的波浪。那是宿命的拨弄，没有谁能躲过这难以抗拒的激流。更何况纳兰容若和表妹，还太小太小，无力把握命运的扁舟。

前生的相约，今生的相遇，多么甜蜜的完美，可岁月又成全了谁？

他的惠儿，她的冬郎，也许能穿过时光的夹缝，求得一份真爱。这是他和她一并的心愿，紧紧捂在掌心里，时时祈愿。可祈愿，何尝改变过宿命？

懂了，就有了一份拘谨；懂了，就有了一分羞涩。若能得一份成全，真是无上的幸福。若是从此错过，就成了千恨万悔。不懂多好，傻傻的一个他，傻傻的一个她，傻傻的彼此，在傻傻的懵懂里共享傻傻的光阴，像永远傻傻的从前。

可纳兰和惠儿懂了，再相遇，就有了几分拘束，几分忸怩。花廊下，又相见，竟然没了从前那种自在的笑闹，目光轻轻相撞，又忽地闪开。一个低眉走过，一个愣在那里。容若再回首时，惠儿已到花木掩映的远处。再一恍惚，就只见了花木。

月色又起，心事落寞的纳兰容若，漫无目的地在宅院里散步，不知不觉间就走到表妹的绣楼前，抬头间见楼上的门帘一动，惠儿闪了出来。容若心头一喜，正要打招呼，忽听得斜旁里有人轻轻地咳嗽，转头见是母亲，他赶忙道声安，匆匆离开。

纳兰容若把书卷打开，却无心读那些诗词。窗外明月高挂，夜凉如水，远方忽然有琴声传来。纳兰容若懂得，懂得那是一种呼唤，一种诉说，他急忙将玉箫横在唇边，吹响了同一曲韵律。这种心灵的呼唤与应答，在清辉中缠绕交织，那紫藤一样的心事似是梦的流苏。

紫藤已经开了许久了。那花，就是一个誓言，为情而生，为爱而亡，是沉迷的执着。可蝶形的花冠，却无力飞舞，暗暗的枝头，有花粒碎碎地落下，是无声的月色。明天，那扫花的人，是像黛玉一样心事缜密的女子，还是一个无知无觉的莽撞男仆呢？

是谁其实并不重要，无力挽救那一地的碎紫。惋惜的长叹无言的沉默，紫藤都是一样的结局。威严的纳兰府，容不得丝毫零乱的场面，对于花开和花落，是截然不同的两种态度。

夜深了，纳兰拿着惠儿送给他的那个绣帕，才忽然悟起，那种红绿相依的简单，原来是如此的美好，不觉叹道：

> 相逢不语，一朵芙蓉著秋雨。小晕红潮，斜溜鬟心只凤翘。
> 待将低唤，直为凝情恐人见。欲诉幽怀，转过回阑叩玉钗。
>
> ——《减字木兰花》

原本是彼此期待的相逢，却为何像一朵带雨的芙蓉不言不语？香腮的红晕，早透露了自己的心事。可红唇轻启，似乎是想说些什么，却又怕闲人看破，才又匆匆离去。无法诉说，回廊那边，玉钗叩击的声音，那么近，又那么远。

谁不期待那春天的花并蒂，云间的燕双飞呢。可世间又有多少无奈呢，这么近的冬郎、惠儿，竟然成了这么远的表哥、表妹，再不是从前的两小无猜。

他和她懂了彼此，家人们也似懂了他们。长大了的表哥表妹，也就相隔了许多的风，许多的雨，再没有了肆无忌惮的亲密。遥望的绽放，是一种甜蜜的期待，更是寂寞的煎熬。

多少情感的故事，从粉色的童话，变成了苦涩的追忆，让岁月不堪回首。他和他的表妹，又将会是怎样的传说？

不是凌霄，不是紫藤，该是那梨花，纷纷向那玉阶飞。忽然有人唱起苏轼的那首《东栏梨花》：

> 梨花淡白柳深青，柳絮飞时花满城。
> 惆怅东栏一株雪，人生看得几清明。

豪放的东坡居士都如此悲伤起来，纳兰容若和表妹，看似梨花纯净的心愿，也只能是一地凉雪了。

梦里云归何处寻

多少相遇，原本是一段缘。当那抹羞涩未懂，当那片懵懂未醒，一切也只是云影萍踪。岁月深处再回首时，却也只能望尽秋水长天。漠然了咫尺，便错成了天涯。浪迹的心，找不到可依的岸。

时光有爱，让冬郎遇了惠儿。岁月有情，让他们明白了彼此。纳兰容若那天看懂了表妹的那抹羞涩，心中悠然涌起了一股清泉，汨汨地喷涌着，日里夜里。

爱了，心便生柔情，世界无处不欢。抬眼是白云展画意，低眉是流水诉衷曲。初遇的清水无澜，就荡起了一只飘摇的轻舟，载一轮月，载几缕风。不思来处，不念归处，唯愿在四季荣枯里，独享这无尘的宁静。

相思，是辗转反侧的根由，多少爱情不是这样的煎熬？然而，纳兰容若苦苦渴望的相约，却成了惠儿表妹心中的忐忑。无论何时，女子的心思总是细腻得容不得半点摇曳的风影。是的，纳兰容若是她腮边的第一片羞红，是她掌心初次温热的湿润。她与表哥都感觉到彼此的心跳，低眉间看到四只相对的脚尖，她的心底也生出浪花朵朵。但她的手在表哥的掌中抽离，激动地跑向自己的阁楼，在帘窗后面再悄悄望向纳兰容若，忽然就生出了许多自卑。原以为他们是一花一草的相伴，是一红一绿的相依，可她这红，只是寄人篱下的一点颜色，是廊亭边的野花一朵，是可有可无的点缀，而表哥的绿，是庭院中那栖云栖月的梧桐，是有凤来仪的高枝，是纳兰家庭将来的一片云天。

两小无猜的心总是清澈见底，当纯情变成了爱情，就多了太多的思虑。曾经的表妹，冬郎看得懂；如今的惠儿，纳兰顿感迷惑。那份若即若离，那种欲言又止，让他真正尝到了情感的苦，一首《如梦令》，道尽他无处诉说的情怀：

正是辘轳金井，满砌落花红冷。蓦地一相逢，心事眼波难定。谁省，谁省。从此簟纹灯影。

相思恰逢花开时还好，若是正遇落红萧萧，真是惹人多少伤感。一直期待的相遇，却不想你是那闪烁不定的眼神，让人怎么猜得明白？直让人在孤灯下暗自神伤。夜里，纳兰容若捧一本《牡丹亭》，柳梦梅、杜丽娘那生生死死、曲曲折折的情爱，都能最终成就圆满，让他更加坚信，自己和表妹咫尺之情，也定会厮守百年。他对月一首词，她抚琴一曲歌，只唱那高山流水。竹影里时光如花，荷风里日子如梦，不惊不扰，彼此相望成痴。不问红尘，不说世俗，风花雪月只美了两个人的流年。

梦与现实总有一段距离。当纳兰容若从痴想中醒来，遥望的，依然是表妹飘忽的身影。

爱有犹豫又怎样，谁又能有一刀两断的舍得？更何况惠儿还看不透将来，纳兰容若让她既生欢颜，又生愁眉。如此放不下，也就两徘徊。有时嫣然一笑，有时又陡然一恼。那些年，纳兰府里，是一对少男少女的欢愁光阴。

爱，真的不必抱怨，谁又能知道谁心底的苦楚呢？她有她的卑微，他有他的迷惑。

骑射，是满人男子血脉中的情怀，而诗书，不仅是纳兰明珠对儿子的期待，其实也是纳兰容若真心地喜欢。十七岁，纳兰正式入太学读书。别去，惠儿不敢相送，只在帘窗后默默远眺；归来，惠儿不敢相迎，只在花影中悄悄守望。这中间的时间就是寂寞的闲愁，只好一针红一针绿地胡乱绣些东西。曲径间，花影下，多么期待邂逅，相遇，却又倏忽地闪开。夜里，轻抚丝弦，多盼望那箫声的合鸣，待那箫声真的响起，她却又歇了琴曲。

爱从琴上去，愁从箫声来。爱了才懂，相思是如此地折磨人。

既然相遇是前世的约定，又怎么可以错过今生的表白？少女闺中梦的门扉，只愿一人开。犹豫了很久很久，惠儿不再去想将来的风风雨雨，终于将祖传的一枚玉锁交给了冬郎表哥。不求天长地久，只愿有一段默默地陪伴。其实两手相牵，已是初心最美的缠绵，是情感无言的廊桥。风吹过哪个三月，遍地都是多情的季节。天上满是燕双飞，地上处处蝶恋花。

惠儿的表哥，冬郎的表妹，这是他们的三月。一把玉锁，是玉一样冰清玉洁的诺言。不为锁谁的心，只为锁住命运的刹那。

　　那天，纳兰府上张灯结彩，十八岁的纳兰容若中了举人。一时间，远亲近邻、文武百官都来贺喜。宽敞的厅堂中，笙歌弄花影，彩衣舞欢歌，杯酒映笑脸。纳兰在宴席中来来往往地向宾客施礼，以表感谢。虽然一脸的笑意，心中却宁静无比，他知道这一切都是平常，功名不是他的爱，他只喜素雅的日子、自在的烟火。惠儿坐在一角，意气风发的表哥让她更加心动，可是喧闹里，她却更感到了一种寂寞。锦衣华服的纳兰或许会离她越来越远，不会在意素衣素心的她。她，悄悄地离开了喧闹的大厅，走向院中的花园，走向花园深处他们常常相遇的凉亭。月色如纱，她独坐长椅，只任心事缥缈。

　　一把玉锁太轻，实在无奈于宿命。

　　这样的夜，有多少人空对寂寞，无处说情怀？晴日里，一个眼神或许就是一场波澜，而此间，万般愁肠也枉然，更添多少伤。惠儿想想自己云里雾里的家世，想想自己云里雾里的心事，不觉间就满眼清泪。她多想表哥能叩开她心的门扉，来给她一个安慰。可她知道，此时的他，正在喧闹的厅堂里，来来往往。

　　那是他荣耀的夜，他怎么知道，楼阁里还有一个女子的黯然神伤？

　　过往也许真的毫无意义，一个独自寄居的女子，怎会不更多思量，谁是她未来的朝阳？思量也是无果的思量，花自飘零水自流，一程一迷茫，两小无猜的清澈，悄悄泛起了浓浓的浑浊。

　　大厅里喧闹的人们，凉亭里冷清的身影。惠儿不觉有些伤神，纳兰府虽然是她的容身之所，可又有谁是她真正可以相依的人呢？那些平素里的以礼相待，不过是一种泛泛的客套。好在还有容若可以交心，而此时，不也是在同他们的家人一起狂欢，唯有她是这热闹之外的寥落之人。

　　那年，独进纳兰府，如今，独在深宅中。这几年的光阴，她何曾融入这楼阁一分？寄居，不是归依，只是萍水相聚的岸。惠儿望向月亮，此时忽然明白只有嫦娥才最懂她，她们是天上人间的一样寂寞。既然表哥都不能给一份安慰，何不如归去如风？

她有花一朵，能入谁的梦？空自散去香魂。

月色更浓了，恍惚间，惠儿有离去凡尘的感觉。忽然，花径上有人影依稀，她不觉轻轻唤了一声"表哥"，缓缓走来的，正是纳兰容若。一袭锦衣，着两肩月光，高贵而优雅，好似那万千女子为之心旌摇曳的潘郎。

想着，念着，当想念成为相见，却又只剩无言。他站着，是寒竹傲雪；她坐着，是青莲禅佛。青春那时，有多少这样默默的风花雪月？不必说，已经是冰心两皎洁；不必说，已经是生死契阔。

月亮很美，成就了多少爱，也成就了多少美丽的传说。可那朦胧的月色太浪漫，又误了多少情爱呢？柔情的誓言常常在黎明散去，阳光照进现实的时候，彼此才懂了那梦里的彩虹，不是到达彼此身边的鹊桥。纳兰容若还来不及和表妹许下三生三世的诺言，甚至还不曾有过真正的花下男女私语。而惠儿，还不曾真正收拾零乱的心，吐出那羞涩的花蕊。

多少相遇，还不曾转身就已经是别离；多少期待，还没真正开始就已经结束。说好了要珍惜，谁又能抵得过突如其来的意外？半阕情词再无法续写，一枝莲花再也绣不成并蒂。

日落还有日出，花谢还有花开，可爱情还有来生吗？不，不要把诺言许给来生，谁又敢说来生不又是一场擦肩而过的匆匆？咫尺的当下都难以牵手，来生是何等遥远的迷茫？懂了这些又能怎样，生命里有太多太多无奈的放手。如果每一次相遇都能圆满，世间也就没有了悲苦。其实正是这悲欢离合，才有了爱情的生生不息。

有时候的相遇，或许真的是前世的孽缘。容若和他的惠儿，从懵懂相识，到情窦初开，人生就给了他们这一段含苞的光阴，只待芳华初绽，却就此别离。

纳兰容若和表妹爱的萌芽终被纳兰家人看出了端倪，没有谁支持他们。其实最初就注定了这离散的结局，纳兰府只容得惠儿童年的寄居，她的青春只能为帝王绽放。满人入关，统一江山，可他们依然自认血统的正统与高贵。那时旗人家的少女，都要参加帝王的"选秀"，以求皇家血脉的正统。亭亭玉立的惠儿终是逃不过这皇帝的诏令，一顶华丽的小轿在那个小雨霏霏的上午带着她飘摇而去。

年满十三到十六岁的八旗少女，都要参加三年一次的皇帝选秀。

惠儿虽然说是一个悲苦的少女，早已经没有家人实实在在的相依，可她在纳兰府，在容若表哥身边，那诗词平仄的濡染，那琴箫韵律的浸润，让她出落得别样娇美，这样的惠儿作为秀女，怎么可能落选。她，被选为了皇帝的妃子。

高高的宫墙，容若和表妹再难望穿。

一眼千年的错过，还不如彼岸花花叶永不相见的想念，有形的牵挂，总是痛过无形的思恋。伤了彼此，苦了百年。

纳兰容若的竹笔再无欢，笔笔写伤情；惠儿的绣针再无线，针针穿肠愁。

初心的相遇，常常是这样情深缘浅。

康熙和纳兰容若，是同年出生的双骄。一个统领山河，傲若骄阳；一个挥墨诗词，灿如明月。然而皇权毕竟是至高的号令，太阳才是江山的主宰。纳兰容若纵然才满江河，情似云天，又怎能与帝王争斗？他，败了，败得狼藉一片无法收拾。这看似他败给了君王之礼，其实这场爱情他原本就没有一点胜出的机会。纳兰容若作为家族的骄傲，作为担当门庭的长子，那些王侯门第的女子才是他姻缘的匹配。他也曾苦苦哀求过，可家人毫无给他可以娶孤单于世的表妹的可能。是的，他难以悖父母的意，更不能违朝廷的法。十年的青梅竹马，也不过是一场花开无果的梦。

思念，在她还没离开的那一刻，就绞疼了两颗心。

王贵人家的婚姻，更是一场棋局，设定的家庭双赢，却常常是一对男女惨败的人生。花开一日的热闹，却是零乱百年的伤悲。也有门当户对的琴瑟合鸣，那不知是几生几世的修行，才有这难得的皆大欢喜。

富贵是一种枷锁，失去了多少草长莺飞，错过了多少云卷云舒。紫藤正盛开，纳兰容若独坐凉亭，那紫色依依的情愫让人沉迷，那是心中的执着。"紫藤挂云木，花蔓宜阳春。密叶隐歌鸟，香风留美人。"香风又起，美人何在呢？他多想那紫云依依的地方，忽然有一袭霓裳飘起，他的惠儿执琴而来，为他弹一曲重逢。

没有承诺，眉间早有相许；没有誓言，心中早已情定。世事无常，不知误了多少这样的青梅竹马？相遇哪年？重逢无期，纳兰容若只能在花园每一处和表妹走过的地方驻足，一曲箫叹，如呼如唤，如悲如泣，祭奠那逝去的青春。

恼只恼心思懵懂，误了春期；恨只恨不解相思，误了爱情。若早早懂了，一定共与佳人并蒂一枝。别离了，才幡然醒悟，空留无数悲伤。一座香冢，葬一份痴爱。

> 花丛冷眼，自惜寻春来较晚。知道今生，知道今生那见卿。
> 天然绝代，不信相思浑不解。若解相思，定与韩凭共一枝。
>
> ——《减字木兰花》

韩凭，战国时宋大夫，其妻何氏貌美绝代，为康王霸占。韩凭在牢狱之中得妻密书，抱定从死决心，韩凭长叹何氏贞烈，自杀而亡。何氏假意从了宋康王，只求穿孝衣祭祀韩凭，康王准允。礼毕后，何氏纵身从高台上跃下，康王急忙扯住，怎奈何氏早藏心机，衣服为药物腐蚀过，只扯得一缕，衣裂人坠台而死。何氏留遗书，恳求与丈夫韩凭合葬一处。康王恼怒，特意将二人分葬两处，只可相望而不能相守。谁知，一夜之间，两座坟上分别长出一棵梓树，根脉相牵于地，枝叶相连于天。树上并有一对鸳鸯似的小鸟，相偎相依，欢一声说生，悲一声说死。

往事早已是远处的烟尘，只是这感天动地的传说生生不息。表妹的离去，让纳兰容若心灰意冷，然而那种悲伤日里夜里无法逃离，唯有用文字独语情怀。这里，他竟然用韩凭与何氏的人生之爱入词，可见那份悲伤。其实，他想到这个典故的那一刻，他的爱也纵身跃下了青春的高台。一只心灵的鸟凌空而飞，只是没有梓树可供栖息，一堵皇城的高墙，阻断了两颗心的合鸣。

疏花已是不禁风

一路的陪伴，有时候并不觉得珍贵，因为已经在彼此的心里，也就不再在意。然而，当别离忽然来临，才懂错过了对的人。才明白和那人走过的每一天，看似平常，却原来是最美的日子。只是再千遍万遍地啼血呼唤，也难唤得一个回头。一别，就是山高水远，一别，就是一生。再相遇，也只能寄希望于来世。

一道高墙，几重宫门，就已经是两颗心的天涯海角。可纳兰容若和惠儿，能感知彼此的心跳。一次颤抖一次疼痛，一次疼痛一道伤痕。早知道有今天的苦苦相望，更应该好好把握昨夜的月光。哪怕纤细的一缕，也要紧紧地攥在掌心里，捂成最真的红豆，好让重逢有个信物。错过了采撷，就是风雪无边的冬季，空了枝头，疼了心头，一切都已经来不及。没有谁对谁的怨，没有谁负了谁，面对爱情，他们根本就没有义无反顾的机会。怎样的勇敢，在皇权面前都是那么苍白无力。

一样的思念，两处的悲情。高高的皇城后宫，囚禁了多少望眼欲穿的爱，窒息了多少山盟海誓的情？无处了却，无法撩动，只能在枝头慢慢风干。

人生最美莫过于初次，初遇的花开，初遇的叶落，就算这样的简单，也都是难忘的惊艳。更何况初遇的那个她或他，一凝眉一低头，一微笑一转身，都是一辈子心中闪烁的涟漪。思恋的波纹，轻盈无尘。年华里，若再遇一个她，情感里也总会游移着曾经的云翳。或许不是不相爱，只是不能回避心灵的倒影。昨天，毕竟是今天根枝相连的光阴。

纳兰容若和表妹，是彼此最初的涟漪，荡春夏秋冬，都是一个一个的同心圆。巍峨的宫墙里，惠儿安静得像一朵佛前的莲花，不色不香，空空蒙蒙地面对那位少年天子。夜深的梦里，而她又会和冬郎表哥再约花间。一声琴欢，一缕箫唱，续那两小无猜。十年青梅竹马，栽下了几竿窗前竹，栽下了几树墙边梅？不想醒来，不愿意醒来，原本就想这样一直栽花种草。一个培土，一个浇水，日子安闲，烟火平常。偶尔凉亭里和清风翻着书卷，一页唐诗，一页宋词，或一页元曲，任它这样自由自在地乱。若遇一场小雨，他解了自己的衣，遮了他和她，嬉戏着跑向廊檐下。期间有一个踉跄更好，他慌忙地一个抱，她惊慌地一个羞，就是世间美不胜收的郎情妾意。果真就是那"好雨知时节""润物细无声"。

无线的针，难结情缘；无针的线，空有缠绵。

只可叹，她在深深的皇城里寂寂独语着，拿出那块只绣了一半的绣帕。那朵莲花低垂着，只有这一朵，永远绣不成并蒂了。她觉得有许多的愧，原以为贵为相门公子的表哥，可能会负了她，如今却似乎是她负了表哥。岁月的这端，传来一首《沉香流年》的歌，唱着流年的梦：

> 笙箫远去灯火稀微
> 忆往昔竹马青梅
> 苍茫岁月旧事难追
> 用一生存真去伪
> 分不开这双手捧泪
> ……
> 什么人深夜里不寐
> 坐守秋风吹透宫帷
> 一缕执念锁在情关
> 回首似梦如烟
> ……

一入宫门深似海，她是那无桨无橹无桅无帆的一叶扁舟。她愧，她悔，她双手捧泪。可又怎能怪了她，一个秀女哪能改变自己的命运？一袭官服就是那无解的魔咒，肠断泪干，又能如何。无处说，无人听，只有相思的结石在肝胆上郁结，慢慢堕落，慢慢疼痛，慢慢流血。

流年如水，浮生若梦，这世界车水马龙，可有多少人把握住了真正的爱？错过了，就是年华的冬天，无色无香，无花无蝶。是的，他叫冬郎，这样一个名字就注定了要披雪卧冰吗？寂寞的白，笼着光阴。失去了表妹，纳兰容若陷入了无比的痛楚，身形渐显消瘦。唯有那树梅花伴他，成他日里夜里的窗上影。那是他和表妹一同栽的树啊，三年了，花已开，人却不在。谁来和他共看一枝？长衫临风只待红裙飘飘的人，深宅无语空有寂寞雪。花枝摇曳，再无人影成双。其实那梅向南的花枝已开，北枝还冷清着。他想那一定是深锁宫中的表妹的心，幽幽地再无欢喜。他多想折一枝送进后宫，告诉他的惠儿，梅花开了，春天也将临近。可是，这也不过是自欺欺人的一种安慰，他们哪里还会有春天？那难以挥手的别离，早就设定了，再无蓦然回首的可能。

一人一树一院寂寞，千点落红，万点相思。

纳兰容若和惠儿的相遇，也许只是谁前世的流眸一闪，才惹得这今生的情长缘短。早知道再相遇是如此的悲伤，何必有那曾经的回眸。别渴望什么一眼千年，这几生几世的等待，是多么的煎熬。那些生离死别，太让人心疼。还是单纯的初相遇吧，爱了，伴了，简简单单地一辈子多好。只是人世多情，总惹赤橙红绿千般念想，酸甜苦辣的五味光阴。

日月明灭，岂止黑白？不知道哪一种颜色，才是心上最恰当的那抹。

好在纳兰容若有诗词为伴，在荒凉里写情写爱。以冷为暖，抚慰着自己寥落的冬季。寒冷是一种寂寞，也是一种思索，就像草根与花籽在冬天的孕育。这次挫折让纳兰容若懂得了更多，他不仅肩负着相府长子的责任，还要有伟丈夫的担当。卿卿我我只是命运里一湾浅浅的溪流，还有诸多事业层峦叠嶂的高峰，那才是男子一生应该的担当。

"也许每个人出生的时候，都以为这世界都是为他一个人而存在的，当他发现自己错的时候，他便开始长大。"

纳兰容若收拾好自己的心境，以积极的态度和昨天道别。康熙十二年（1673），他将自己的才情放飞，参加了会试。情感的伤曾让他黯然了许久，可他智慧的光芒又哪里遮掩得住？十九岁这年，他如愿成为贡生。

既然等待不会再有结果，不要让落叶满了石阶，何不给自己另一个行走的姿势，那或许会有别开洞天的一种风景。时光不只是一朵花的开落，沿路还有太多太多的荆棘。当青涩渐生沧桑，那才是走上了岁月的正途。哭了笑了，年华就有了味道，时光就有了质感。

　　这一年，纳兰容若十九岁。九是一个顶点，突破是另一种高度，盘桓也是一个劫数。十九岁，这是纳兰容若的劫。他病了，忽然莫名地病倒了，气短唇青，身若凝冰，腰脊冷痛。医官说，这是阴寒之症，是为阳气不盛，寒气入心而制。冬郎，雪中生，冰中长，内寒之病也许就是一种宿命，是血脉里的根本。只是无人懂，脉搏里还有把握不到的另一个病由，那就是表妹的离去。原本是他少年里唯一的暖，十年点点喜，十年片片欢，荡漾他匆匆的过往。这暖突然的抽离，他勉强地支撑着。只是那一点回忆的余温，渐渐抵不住怀念的寒流，他再也装不出坚强，无奈地倒下了。他在疼痛中，想起了母亲常说的那个飘雪的冬天，他的第一声啼哭。他多想这是他的重生啊，重生的冬郎，就可以再和表妹相遇，再和表妹重回那十年的两小无猜。一声琴，一声箫，就是四季如一的花红草绿；一点红一点绿，就是并肩行走的日月芳华。哪怕只有一径弯弯的小路也好，小路那端一围篱笆，篱笆里是一间低低的草屋，那里，一桌一椅一摞书，他和她，经营一段诗词相欢的同坐时光，经营一段春风万里的同行岁月。

　　有时候，爱情就是只要这朴素到"日出而作，日落而息"的奢华。可谁知心思简约，岁月却复杂地给人一个又一个张皇的惊讶。日子，连累了多少男女的梦，无处安稳。

　　寒疾让纳兰容若在疼痛中辗转，父亲给他请来了京城里最有名的医师，母亲更是亲手煎煮着那一剂剂中药。麻黄是齐地青州的麻黄，附子是蜀地绵州八月采造的附子，细辛是华阴的细辛，白芷是秦晋河东川谷的白芷……最道地的药材，慢火细煨着纳兰容若的痛苦。那些日子里，本草的味道让他更懂了生命的苦楚。当归未归，独活难活，续断又能续谁的断？纵是能解千般毒的甘草国老，也难解心底的情毒。远志难向远行，定不了他的心，一一穿肠，却不能将悲伤抚慰。疾病让纳兰容若错过了这年的殿试。他想成为满人第一进士的愿望，也成了轻风。他本无意富贵，只想在流年里展示自己的才情，可错过还是让他颇有失落，卧在病床上，他写下了心中的叹息：

晓榻茶烟揽鬓丝，万春园里误春期。

谁知江上题名日，虚拟兰成射策时。

紫陌无游非隔面，玉阶有梦镇愁眉。

漳滨强对新红杏，一夜东风感旧知。

——《幸举礼闱以病未与廷试》

　　错过情，让他内寒攻心；错过名，使他浮寒伤身。双寒内外交错，表里浸透，让他难展愁眉，难醒神志。恍恍惚惚迷失了很久，春色渐暖的日子，也没能让他减缓伤痛，窗外的百花，那是别人的风景。直到夏日近了，世间阳气蒸腾，他的寒疾才有所好转。那夜，他终于披衣走出了蹉跎日久的病房。明月还在，那凉亭还在，还有那亭前的池塘还在。旧水又红新荷，只是不见了故人的衣影悠悠，至此流年散了西东。唯有重重宫门的暗影，在夜深的远方，相望却难唱一曲离歌。本想有所释然的，翻阅旧事，却是这残章断篇，稍暖的身心又生出了许多的凉，不觉就是几声轻咳。紧一紧身上的衣衫，还是抵不住怀想的清冷，他只好沿着来路慢慢折返，想用转身让自己忘却。然而即使关了窗，还有月色执着地浸进梦里，好凉。纳兰容若只好重又点了灯，用那夜色写下了一首《南歌子》：

　　翠袖凝寒薄，帘衣入夜空。病容扶起月明中，惹得一丝残篆，旧薰笼。暗觉欢期过，遥知别恨同。疏花已是不禁风，那更夜深清露，湿愁红。

　　同欢的日子就这样永远过去了，梦里梦外两两相望，应该是一样的别恨。唯有那块绣帕还在，那年，她初懂女红，一点红一抹绿地描绣，虽然绣得歪歪扭扭，却正如他们朦胧的初心，似懂非懂原是最真。没有许诺，何必许诺，萌芽不知比诺言美多少。无须誓言的情感，才是四季如一的清泉。他们不念归途，念也毫无意义。其实归途就是远途，转身，也没有了机会。就像落红在秋风里，本没有转身的可能一样，枝头只有丝丝缕缕的残梦，早已经凉了，但，无法了却。

　　那年，纳兰容若和表妹相遇，他以为纳兰府的花园就是他们的港湾，无惊无扰，清静相伴。分别，才让他知道这世间不只有纳兰府。人，总是在懂得世界之后才真正懂得了痛苦，此时，容若才第一次感觉到了自己的痛，才悟得了自己的无奈。传说纳兰容若曾经费尽周折，假扮僧人冒死深入后宫，只为看一眼魂牵梦萦的表妹，可一切都不能改变。红墙，当是世间与天同齐的囹圄。人海里，四目相望又能怎样，那是对彼此更深的一种伤害。就算纳兰容若心甘情愿地撕扯自己，可他懂，疼的依然是他们两个人，放下，其实是唯一的选择。纳兰明白，他的重病，一是体寒，更重要的是这心寒，如果能淡去情意牵连的曾经，他或许就能好起来，重回那个翩翩诗词少年？

　　他要给自己这个机会，他要给心这样一个转机。

　　"此情可待成追忆"，别一段怀念，觅一段追寻，生一段梦想，红尘不只是男欢女爱，还有多少抱负让男儿施展。纳兰容若慢慢挣脱心灵上的菟丝子，病真的就渐渐好起来了。后院池塘里的莲花，正次第地开。一朵一朵，是静如禅歌的祝福。

　　纳兰明珠笑了，母亲哭了，她将安神息邪的安息香末的沸汤，让人悄悄地泼在了楼后的野地上。

第二章

竹影横窗扫

又误心期到下弦

当雨把所有的故事洗刷一遍，或许会看到的是另一些细节。滚滚红尘，离合悲欢，原本该有别样的结局。一样的情如锦，一样的梦如烟，却是不一样的喜与悲。别说人生是一场轮回，如果前生只是今生的倒影，那将少了多少生趣？轮回的可以是日月，不可能轮回的是世间众生。昨日的骄阳，哪能照得晴今天的狂风暴雨？就算是男女的悲欢之爱，看似是一样的聚散，却也是大不同的怨恨情仇。哭哭笑笑的转变，常让人猝不及防。高峰和深谷，才深刻地演绎了真实的人生。生老病死、悲欢离合，说不尽无常。

都渴望峰回路转的人生，都期盼删繁就简的岁月，求一份淡然，求一份释然。人最初的单纯，那是不谙世事，不叫淡定。只有经历了，只有沉淀了，才是看破云烟。人生就是一个加减法的过程。最初纵情挥霍所有的色彩，无端涂鸦，以为那就是绚丽，以为那就是荣耀。最后散去五彩，淡去繁杂，也不过剩下三两枝丫，了无繁华。那叶那花那果，都已经给了别人。这，就是最生动的年华。指间无贵贱，掌中无荣辱，挥手来去，不过是风来风往。

那年，雪已远。红了江南，绿了北国，皇城又燕语莺声。沉疴日久的纳兰容若寒疾痊愈，他走向门外，四围里红红绿绿景色一新。谈笑的家人，追逐的丫鬟，都在迎接着春天。久违了，这草长莺飞的时节。他如同复苏的草木，感觉到了一种身心的挺拔。忽然，他心生惶愧，别人都在追云逐月，唯有他迷失在断崖。其实人生真的需要一个转身，一切就是峰回路转。既然不能长相厮守，就要给自己一个归途，一生很长，再美好的青梅竹马，也不是全部。十年复十年，有多少爱可以重来。给她道一声珍重吧，红墙边，花未老，祈求光阴姣好。

伤于情者是为真，迷于情者是为愚。遇了总有别，别了，还有遇。也许一次的擦肩而过，换取了别个一路同行。

相忘江湖，不是为无情找借口，只是为别情寻安慰。

爱了念了，无愧就好。纳兰整理了一下衣衫，似是要抖落那些碎碎念念。那些日子里，本草熬制的药汤，暖了他的身体，却不能驱他的心寒。此刻，他站在花草间，灿灿的阳光，让他忽然就有了花草的生机，大病归来，就是他的重生。人，就应该是一株本草，应春而生，适夏而荣，逢秋寂然，顺冬淡定，这才是四季，这才是岁月，沉迷哪一季都是歧途。阶上落叶，瓦上薄霜，都是看不尽的时光景致。炊烟散去又起，柴门关了又开，这才是红尘。

世间，本不是只有一条路。专注于唯一，那其实是给自己选择了断崖。

他穿过竹林掩映的小径，绕过桃枝遮衬的亭台，路的尽头是表妹那时常往的阁楼。那里，虽然也是春色尽染，却终是有几分难掩的寥落。门前有荒草几许，窗上有蛛丝几缕，那欢声，那笑语，犹在耳边，但又沉封。却有一曲琴音似花间流水，红绿叮咚，明灭闪烁。他望向那端，果然有一个女子正在亲水楼台上抚琴，指如鹤舞，衣似云霞。纳兰容若一呆，恍然一喜，再定睛看，却不是他的她。他知道表妹的琴匣上应该布满了灰尘，在这深锁的楼阁里，在她深锁的心扉中，一曲只弹那年华。一生，再无声。

锁锈琴哑，只为往事。

几朵浮萍在流水中漂泊，让纳兰容若又一阵唏嘘。孤苦的表妹为命运捉弄，他不是也无奈于世事的狂涛吗？回不去的过往，到不了的明天，只有给爱一个了断，给心一个交代，才是对惠儿表妹最好的思念。

不再有伤痛，不再有混沌，给自己一片如水的清凉。只忆念表妹的清纯，干干净净的笑容，安安稳稳的举止。这样的表妹哪舍得他伤心呢？因为他是她的表哥冬郎，是她青梅竹马的情感依恋。可多少徘徊能有答案，多少想念能有归依？纳兰容若从那台阶上一步步退下，因为那楼已空，他只想用这样的方式和曾经道别。毕竟，她还在，虽然隔了一道道宫门，但一定和他一样望着天空的同一轮月亮。以弦月为船，渡两颗心相见；以圆月为欢，画彼此相依。情感如此，夫复何求呢？

尽管纳兰反反复复地宽慰自己，可又一次次陷入矛盾之中，心头时时泛起许多的愧悔。她是曾经的她，我是曾经的我吗？在这种矛盾的痛苦之中，他写下了情感名篇：

　　人生若只如初见，何事秋风悲画扇。等闲变却故人心，却道故人心易变。
　　骊山语罢清宵半，泪雨霖铃终不怨。何如薄幸锦衣郎，比翼连枝当日愿。

　　　　　　　　　　　　——《木兰词：拟古决绝词柬友》

　　如果都是相见的初心，又怎么会有画扇弃于秋风？人心易变，人心难测啊。骊山七夕唐明皇铮铮的誓言话音未落，马嵬坡一束白绫就了结了杨玉环的香魂。一瞬间就是生死悲欢，堂堂帝王也无奈负了红颜，这世间还能有谁能真正把握爱情？唐明皇终还是写下了怀念的《雨霖铃》，可以惹亡魂的不怨。哪是薄幸的锦衣郎，不曾说半句比翼双飞的话？

　　纳兰容若恨自己，多少花前月下，还不曾明明白白说过爱，转眼却是天各一方。玉阶上，已经生了厚厚的青苔，踏一步，一个趔趄。

　　远处，有寺院的念经声隐隐约约地传来。纳兰觉得也许真的该去求问一下佛，让禅语解心中的迷惑，解那聚散离合的因果。一炷香的祈祷，让祝福化着袅袅的云烟，不说对错，飞向远处的那扇窗，成晨曦的呓语，成暮色的清欢。少年的情怀本没有浓墨重彩，淡淡的来去也许是最好的结局，解彼此混沌的枷锁，给她一个再次绽放的机会。纳兰容若重新坐到书房里，那些文字忽然就似一粒粒种子，掀开厚厚的冻土，在那心中有了别样的萌芽。他一下子就悟到了，曾经自以为横卷天下的才识，不过是一滴草尖上的晨露，那看似闪烁的光华，其实包容不了什么。所谓的神童、才子名头，有多少是因为他纳兰家族高阔的门庭和他权倾一时的父亲？虽然说得到了乡试和会试的认可，毕竟他还没有踏上最重要的殿试的华堂。

　　武要打马大草原，文想摇扇水江南，哪容得下一个虚浮的心？其实蓬勃向上的追逐，都应该是每一个青春的约定。纳兰沉静下来，暂时抛却心底的缠绵，拜徐乾学为师，倾力于笔墨之途。徐乾学，康熙九年（1670）进士第三名（探花），与两位幼弟徐元文（顺治十六年状元）、徐秉义（康熙十二年探花），号为"昆山三徐"，为天下共知的江南大才子，统领当时的各种书典的编撰。家中藏书彼丰，其"传是楼"，为南北著名的藏书楼，有"传是楼藏书名甲天下"之说。徐乾学不仅有才，更识才、惜才、爱才，康熙十一年（1672），他任副考官之时，正是他的慧眼识珠，重新评定落卷，让几近埋没的韩菼荣登当届状元，成为一时名臣。

对于纳兰容若，虽然错过了殿试，但徐乾学认定他将是不世之才，必将遨游瀚海，流芳书卷。纳兰的来访，徐乾学倾情而待，有礼有茶有文章。他们的侃侃而谈，话题纵横古今，初相见，却似一别经年的老友相遇，只是这样的时光是短暂的，徐乾学因为在主持乡试中的错漏，被降级调用。送别之时，纳兰容若以泪当酒，写下了《秋日送徐健痷座主归江南》四首七言诗：

(一)

江枫千里送浮飔，玉佩朝天此暂辞。
黄菊承杯频自覆，青林系马试教骑。

(二)

朝端事业留他日，天下文章重往时。
闻道至尊还侧席，柏梁高宴待题诗。

(三)

惆怅离筵拂面飔，几人鸾禁有宏辞。
鱼因尺素殷勤剖，马为邮泥郑重骑。

(四)

定省暂应纾远望，行藏端不负清时。
春风好待鸣驺入，不用凄凉录别诗。

果然这只是暂别，徐乾学很快又回到了京师，与纳兰再续师生之缘。

正是这位亦师亦友的恩师助力，孤舟一样苦求的纳兰容若张起了梦想的风帆，在历史斑驳的光影里，寻找着质感的印痕。以两年孜孜以求的探寻，编著了《通志堂经解》。这部与恩师徐乾学合撰的阐释儒家经义的大型丛书，收录了一百三十八种先秦、唐、宋、元、明经解，纳兰容若并自撰了两种，共计一千八百卷。此书一经问世，轰动四方，官方私家争向刊印，热度绵延多年，至乾隆帝时，依然风靡书香之家的案头。这位中国历史长河里年寿最高的帝王，极力推崇此书，认为"是书荟萃诸家，典瞻赅博，实足以表彰六经"。并在编修《四库全书》之际，圣令馆臣将其"版片漫漶断阙者，补刊齐全，订正论谬，以臻完善"，特作为《四库》底本刊布，用以"嘉惠儒林"。

对于少年纳兰，徐乾学曾叹道："老朽宿儒，有所不及。"

对于恩师徐乾学，纳兰容若更是赞道："文学不逊于昌黎，学术、道德必本于洛闽。"

文学不逊于唐宋文章八大家的领袖人物韩愈，学术、道德不亚于程朱理学的程颢、程颐和朱熹等先贤。这样的赞誉，真的出于纳兰那时的内心。

这位徐先生，曾经教诲纳兰"为臣贵有勿欺之忠"。每一个朝代，都需要寇准、晏殊这样的"勿欺之臣"。纳兰将"勿欺"二字刻成闲章，成为一生的践诺，不欺于君，不欺于亲，不欺于友，更不欺于情。以一颗少年如玉的初心，不欺于流年。可徐乾学前前后后却是截然不同的政治勾连。先是与纳兰明珠合力攻讦索额图，后又与人反手弹劾明珠。如此反反复复的徐乾学，着实是对道德的嘲讽，何谈不欺呢？好在这时纳兰容若已经去世三年，若他在，又该如何评说这位恩师？以他的性情，未必有恨，当是又生感伤，写出许多西风吹心的词作。

一个"欺"字，毁了多少世道人心。

精骑射，善诗文，少年天子康熙本来就对纳兰容若欣赏有加，《通志堂经解》的问世，让他更倾心于这位同龄的风流少年。凉亭约见，没有帝王和臣子身份，而是骏马与雄鹰的对话，是高山与流水的交谈。

西山上，花香鸟语中，流泉飞瀑之声荡漾着两个少年的胸怀。他们，真正懂了彼此。从塞外的金戈铁马，到江南的软水曲桥；从寺院的更鼓，到书房的墨砚，话题总是于云卷云舒中信手拈来。一壶茶，就是二人的化境。情到巅峰，纳兰容若不觉吟起了自己的《水调歌头·题西山秋爽图》：

空山梵呗静，水月影俱沉。悠然一境人外，都不许尘侵。岁晚忆曾游处，犹记半竿斜照，一抹界疏林。绝顶茅庵里，老衲正孤吟。

云中锡，溪头钓，涧边琴。此生著几两屐，谁识卧游心？准拟乘风归去，错向槐安回首，何日得投簪。布袜青鞋约，但向画图寻。

一颗行吟山水、禅悟红尘的干净之心，自语于茂林修竹、斜阳晚照，不纠葛于世事争吵。布衣草鞋，溪边垂钓，涧边弄琴，藐视富贵，只是这般淡雅，何处追寻？

词中虽无万里山河的剑胆，却是山寺慈悲的琴心。康熙深为锦衣少年的才情折服，愈发亲近，康熙那激荡山水的襟怀，也深为纳兰感叹，深知这将是一代明君，必能以王者之气统领民心。他忽然又想到了惠儿表妹，也许这个他，不会辜负了她。逼仄的皇宫里，也许她会找到别样的喜悦与幸福。想到这，纳兰不觉心生安慰。帝王何曾不多情，宫廷里，虽有千般悲歌哭，但也有不尽的琴瑟和鸣。

这个他和她，愿是那花蝶情深，舞于高墙深宫。

他和他，一个帝王，一个臣子。他是剑锋的英气，如日的激昂；他是笔锋的优雅，如月的清越。此间，如双玉合璧。

斜阳更斜，暮鼓归暮。西山上，他们相携下山的那一级级台阶，是但愿君心似我心的词，注定他们一生相伴游南北，同唱春秋。只可叹纳兰早去，留下了西风多少恨，留下帝王玄烨，也恨多少西风。

西山的水月洞天让纳兰忘却了烟尘，归来，他却还是那多情少年。一溪一风一垂钓，一涧一琴一向晚，这幻念里的心意之约，还是断不了现世的相思。

彤云久绝飞琼宇，人在谁边？人在谁边？今夜玉清眠不眠？

香销被冷残灯灭，静数秋天，静数秋天，又误心期到下弦。

——《采桑子》

十年如花，十年如月，想忘怎么能忘。你在哪里，你在哪里？可是今夜一样的无眠。这寂冷无灯的夜里，数尽秋凉，下弦弯弯，是载不动情感的扁舟，那么无助地不成团圆。原以为一步之遥的爱情，却是那样的弱不禁风。秋寒里，落叶如咒语，是心境的凋零，他只能无奈地用这样的文字祭奠那段青春。小恨静夜，衣衫已经满是寒露，凉了的不只是指尖，还有笔尖，落纸成霜。让后人读成满卷的泪，湿了双眼，湿了心。

纳兰词总让人再也找不到心花怒放的理由，那是对爱情一个又一个肃杀的拷问。原本他要苦自己的，却不想苦了多少后来人，在空荡荡的桥头，等那段曾经。画不圆的明月，在云翳里浮浮沉沉。只有残酒冷月，醉了难归的归途。

一生一代一双人

沉溺于悲伤，就不会有快乐；沉溺于曾经，就不会有未来。过往比明天更虚无，是永远无法回归的遥远，不管是欢乐，还是痛苦，那些都已经尘埃落定，何必苦苦纠结，还是给自己一个重新跃马江湖的机会。当你打开门扉，迎接你的会是两扇春风，一院花开。最生动的擦肩而过，哪敌得了一望成痴的娇媚。含苞是珍爱情感的羞涩，绽放是交付心灵的表白。那个她，这一朵，只为你开，只为你美。

那一朵，也为纳兰容若而来，在冬天，在那纷纷的雪里。

北京的冬天并不冷，因为那是冬郎的冬天，那是冬郎的雪天。纳兰府上如那盛放的梅花，一片喜气升腾。一道御旨传来，是康熙赐婚纳兰容若。这是大喜，纳兰明珠夫妇是千恩万谢，纳兰容若本也应该诺一声谢主隆恩，却立在那里，不知是喜是悲。

爱，是人与生俱来的情感，可又有谁能真正地把握？旧时光的远方，所谓的你情我愿，多也只存在于梦的深处。就连帝王的婚配，都要平衡着宫廷内外的诸多利益。所谓的选秀，也不过是一场戏剧般的过场，一切都做好了安排，与爱情真的无关。那些位高权重的门第，所谓的男女姻缘，更多是政治的勾连。好在那时婚配的年纪较小，再加上门庭森严，洞房花烛下，少年的他和她，也许就是彼此的初恋，倒也成就了许多白首一生的爱情。

纳兰家族这显赫的府邸，自不会寻一户平常的亲家。那被康熙赐婚的女子，是两广总督卢兴祖的女儿。卢兴祖，封疆大吏，汉军镶白旗，这样的门庭足够荣耀，再者，纳兰家与卢家结亲，也正顺应了康熙初年满汉文化融汇的思量。

那一年，纳兰容若二十岁，卢氏十八岁。

鼓乐满长街，绸红染华堂。纳兰容若骏马锦衣，迎来了他的妻子。京城第一豪门，词间最美少年，如此绝世无双的公子大婚，这一天，不知多少深宅绣阁中的女子，隔了窗，隔了重重楼宇，傻傻地望着远方，弯眉长恨，哭乱了容妆。其实这世间，多少不得相见，却是无人可知的深情长寄。春暖，花不开；心老，君不来，空自辜负着年华。

"才如子建，貌似潘安"，那是清朝唯一的纳兰容若，虽然没有"掷果盈车"的传奇，却也惹了无数妙龄女子的芳心暗许。

贺喜的王公大臣、远亲近邻络绎不绝，纳兰容若拱手还礼，一一招应着。其实这场喧闹他还没有准备好，他只是被父母推上了鲜花盛开的礼台，有些昏昏然。夜灯渐亮，他才将乱乱的思绪进行了一点规整，心头忽然就涌上几分悲哀。康熙带走了他的惠儿，送来了一个卢氏。他的爱，竟然完全操纵在这个和他同龄的少年天子手中。喧嚣之外，他临窗而立，那里，一树梅花正开，他独自叹道：

> 莫把琼花比淡妆，谁似白霓裳。别样清幽，自然标格，莫近东墙。
> 冰肌玉骨天分付，兼付与凄凉。可怜遥夜，冷烟和月，疏影横窗。
>
> ——《眼儿媚·咏梅》

他是雪里生，梅在雪里开，便有了相知的缘。心语说于梅，梅便能懂。人与花就如此两两相望着，一样冷月无声的呼吸，只求不惊不忧。他多想，与那梅并肩而立，做那天真如初的冬郎，在那雪里。

一转身，华灯高堂，烟火璀璨，人影缤纷。那里，正是他盛大的婚礼盛宴。她是怎样的她？原本满是喜悦的夜，他却更生怅然：

> 十八年来堕世间，吹花嚼蕊弄冰弦。多情情寄阿谁边。
> 紫玉钗斜灯影背，红绵粉冷枕函偏。相看好处却无言。
>
> ——《浣溪沙》

喜酒藏深愁，锦衣裹素心，纳兰容若情怀黯然。花烛下，华屋满五彩，红罗帐垂绣月，弯凤床铺锦被。当如意秤杆挑开那红盖头，刹那，他心亮了。那个她，粉颈红腮，细眉明眸，不笑不语，却是百般娇媚，令人心旌摇荡。这，竟是梦里千万次相约的那个她。臂弯轻绕，喝下交杯酒，红纱窗上，竹影轻摇曳，已见明月皎皎。那一夜，月圆花也好。

从此，她是他的她，他是她的他。

原本两不知，他却和她相遇，一遇竟然似三生的相约。懵懂的婚姻，却是不期而遇的真爱。纳兰忽然忘却了这是门第交集的婚姻，忽然感觉这帝王的赐婚，是康熙愧怍的报答，表妹的深赴皇城，才换来了卢氏的到来。不是纳兰容若朝三暮四，转身后的回眸，只能徒生伤感。他想宽慰自己，宽慰那个帝王，宽慰那个世道。宽天下，自得天下宽。纳兰病中在本草的味道里，懂得了土地厚重，懂得了感恩。离别，其实也是一种缘分。没有了昔日的错过，也就没有今天的相遇。一生，也就为这次相遇改变，一生，也就为这次改变感恩。

卢氏，这个生在京城，长在两广，又归于京城的女子，在南北的穿梭里，既有江南山水的柔情，又兼收京城的雍容华贵。汉文化的滋养，让她更具有光彩不凡的品性，于不动声色中，便美了时光，美了纳兰的心。意想中的陌生，却是如此甜蜜的熟悉，彼此的他们，如此深得命运的厚待。

文载，说卢氏："生面婉娈，品性端庄，贞气天情，恭容礼典。明珰佩月，即如淑女之单，晓镜临春"。对于她，还载："幼承母训，娴彼七襄，长读父书，佐其四德"。

她，是一个别样美好的女子，不同于纳兰容若的妹妹娇生惯养的刁蛮，不同于纳兰容若的母亲颐指气使的凌厉，也不同于表妹寄人篱下的那种低目顺眼。心多情，时光自不负，也待多情人。纳兰在忐忑中等来了这个心心念念中的她。她是他的梅，梅是他的知己。

他，是如雪的冬郎，她，是如梅的卢氏，两两相映照，正是那天上人间的，神仙伴侣。

美目顾盼，巧笑嫣然，一个女子，她只为他生，她只为他来。她说陪他一起弄琴读书，风里雨里都会给他柔软的四季。相对于纳兰容若的不安，卢氏却是情心缠绵。当母亲告诉她未来的夫婿是纳兰府的公子时，她惊讶地失了女儿之态。真的？她将嫁给那个名满天下的少年才子吗？闺阁里，卢氏无数次读过纳兰的诗词，那情怀若水的文字，早让她芳心暗许，几回回梦里相约。如今相见，更比梦中。这个他，竟然比梦里的少年郎，更俊朗，更清秀，更风流儒雅。

卢氏的美丽，真的是惊艳到了纳兰，让他呆呆地愣在了那里。

相看两无言，却是心旌两摇荡。

说好了忘却，放手曾经，可没有谁能彻彻底底地抹去过往。纳兰还是自然想到了表妹，多情的他，怎么能真正忘却。十年花间嬉戏，哪能一朝一夕就可以散成云烟？那不是纳兰，那不是容若。慢慢地，纳兰惊喜的眼神里有了一层雾样的淡漠，他不想就这么轻易地背叛少年的初心，至少他应该有情感的矜持，给彼此慢慢融化的时间。

卢氏，懂他。自从得知了自己的婚约，她一直有意无意地探听着纳兰的消息。她知道他有一个凄美的过往，多少青梅竹马，都没成白首百年的爱恋。她不在意他的在意。她，要用自己的温柔，给他一个开始，给他一个琴瑟和鸣的未来。聪明如她，明白她的他还对曾经有所回望，但她会将自己毫无保留地交给这个少年。让他看一眼自己，就是一缕春风的温暖。

做不了他的两小无猜，她就做他最美的爱情。在当下，在未来，在今后所有的日子里，双飞双栖。她要用自己初心的纯真，换回他迷茫中的淡然。真的，从她知道了纳兰容若的名字，爱，已经心无旁骛，只待这洞房花烛夜的交付，从此她和他，是彼此的骨肉，是彼此的情感，是彼此的每一个早晨和黄昏。牵手时光，无别离，无伤悲，不说沧海桑田，相伴相随就是最美的灵魂承诺。

不必多言，纳兰容若就知了这是一个善解人意的女子。她的静美，她的娇柔，让他喜欢。如果说表妹是低眉的愁，这卢氏就是向阳的欢，文静却蕴含热烈，漫卷他的全部身心。

大病初愈，寒气尚在的纳兰，还需要阳气的提升。婚礼只是不温不火的药引，卢氏，正是恰到好处的那味本草良药。她的到来，正是时候；她的到来，真击灵魂。

她是甘露吗？润他的五脏。她是木香吗？疗他的心痛。她是当归吗？唤他的痴爱。

有时候，给自己一个忘却，就会有一个新生。命运夺走了他的初心，却奉还一个真爱。相遇卢氏，纳兰的情感涅槃重生。和惠儿那时是羞羞答答的含苞，和卢氏，才是热热烈烈的绽放。爱情，其实从他的二十岁才是一个真正的开始，才有了诗词的花前月下，才有了烟火中的浓情蜜意。

忘我的新婚之夜，世界只有彼此的呼吸。帷帐轻垂，灯影迷离，他和她，是水和水的融合，是火与火的缠绵。她在他的臂弯里，睡成一弯初月，慵懒而娇媚；他在她的长发里，感觉到了"万条垂下绿丝绦"的春风。其实在那局促的双手相握的那一刻，已经是天长地久。

窗影摇曳，无声无息，画两个人的梦。廊角风铃偶尔的几声脆响，不知是谁梦里的笑声，清脆而寥远，醒那个长夜到天明。

新婚宴尔，风光别样旖旎。纳兰的精神焕发，卢氏的落落大方，让府中上下一片生机，不是三月，更似三月。威严的纳兰明珠，也多了几分随和，冷峻的爱新觉罗氏，渐起和颜悦色，而那位刁蛮任性的小妹妹，竟然也有了几分温柔的样子，在左在右，在前在后，欢喜着一家的欢喜。那场婚礼的红红火火，是纳兰家中经久不褪的底色。不管是曲曲折折的长廊，还是参差交错的楼阁；不管是水榭楼台，还是小径短亭，满满的，都是欢声。

卢氏，是纳兰府中的一枝梅花，成了上上下下的人们喜欢的一点红。

纳兰容若，望一眼，也心底生暖。那是他最春风得意的芳华，了却了他繁华深处的寂寞，慰藉了他情感内里的伤痛。的确，那时，谁来懂他？那场风寒正是乘虚而入，让他的灵魂摇摇欲坠，在阴阳里摇摆了又摇摆。正是卢氏，让他在步履踉跄中春风归来。他知道，他应该爱，他知道，他应该珍惜。

岁月里，往事不应该是拘泥心声的泥淖，新的脚步才是思想的笋芽。一迈步，就是节节向好，节节向高。

纳兰走进书房，把那些病中颓废的诗稿，一一收拾进了香炉。在他即将点燃的刹那，一只手拦住了他。他知道那是妻子卢氏的手，他不解地抬头望向卢氏，他对她说，他的心底曾经有一个她，他不想那个她成为他们心头的暗影。卢氏轻轻地摇了摇头，又点了点头，将那一页一页的诗稿捡起，她说她知道，她说她懂，她说有月亮可以回望，有朝阳可以拥抱，这才是人生。那是他的男人，应该有的深情，旧事的怀恋，并不是对今天的相负。

没有回忆的，只能是婴儿。是的，不可以把忘却理解为断崖。人，可以忘记，情，要安放在心底。撕去过往，人生就显轻薄。有怀念，有当下，有展望，才是厚重的、完整的岁月。

她说，她是他的唯一，但她容得下他心底的多情。女人，是一个男人的女人；男人，是众人的男人。有爱恨情仇，有家国天下。

纳兰紧紧地抱着卢氏，他更爱了这个比男人胸怀还宽的女子，他暗许誓言，此生绝不负这个女子。此刻，难以抑制的温暖悄悄涌上心头，让他泛起无限的爱意：

> 旋拂轻容写洛神，须知浅笑是深颦。十分天与可怜春。
> 掩抑薄寒施软障，抱持纤影藉芳茵。未能无意下香尘。
>
> ——《浣溪沙》

一缕阳光透了进来，让两个人的身影格外明媚，似乎也预示了他们虽然短暂，却格外灿烂的相守时光。任纳兰多情于无数红颜，唯有他和她，才真正算得上是那，"一生一代一双人"的翩然共舞。

曹植与宓妃错过于洛水之滨的人神之恋，让人感叹。而纳兰容若和卢氏，也让人恨那天地无情，只让他们短暂相依，便却是只能阴阳相望。一卷《饮水词》，也为此多了多少悲切的忆念，一个水字，正是情感盈盈，映天映地，映众生爱恨。

岁月，你欠多少众望所归的成全？季节，起于万物生长的春天，却收于冰寒雪冷的冬季，难道这是让众生逃不脱的一个咒语？这，才是唯一的归宿，黄泉路上，多是那形单影只。

其实草木的四季，就是这人的命运，浅里想，有不尽的悲凉，深里悟，自有释然。昨天、今天、明天，生生不息的光阴，枯枯荣荣的生灵，正是这岁月的刻度。深一道，浅一道，就是你、我、他，浮浮沉沉的人生。

但似月轮终皎洁

勿论有没有前生，勿论有没有来世，所有的相遇，都是一种缘分。

别问谁是谁的过客，谁是谁的归人，唯可与时光惺惺相惜。当岁月渐次荒凉，难以在朝暮里行走，会越来越少了缘分的谁。

十年表妹，那是纳兰的初心。三年卢氏，那是纳兰的至爱。十年不长，三年不短，时间不代表缘分的深浅。一眼千年，不正是让人无法抗拒的爱。表妹的离去，寒疾的折磨，殿试的错过，纳兰容若在短短的时间里历经悲事连连，心境阴沉。父亲纳兰明珠和母亲更觉这是运势的曲折。颜氏，出于哪家门？生于哪春秋？颜容几俊丑？没有谁来问，没有谁来说，只为纳兰冲喜而来。实在是太过匆忙，来不及细选门第，也只能做了妾室。平常的结亲，没能让纳兰容若心智觉醒，依然在迷茫中浪迹。颜氏，成为堂间的一株盆草，不声张，不招摇，只偶然博得人们的回眸，成为史料里的三言两语。

卢氏来了，在纳兰虚弱的时候。红烛点亮的一瞬间，荒心苍凉便放弃了悲伤，懂了他与她才是那最真实的红与绿。卢氏欢呼他的优雅，更心疼他背后的感伤，她知道掌声和手帕哪个更贴心。从此，纳兰墙上的画卷，案头的书典，再无纤尘，最是那窗前梅树，更不缺了水肥的滋养。厅堂里，红袖添香；厨房里，洗手做羹汤，月下舞长剑，花间唱诗词，亭中弄琴箫，影相随，心相牵，卢氏成了另一个纳兰自己，让他感受到真实的疼痛和欢喜，寂寞渐成洒脱。

纳兰握住她的手，只求时光定格，任一切如风。他和她，是一场情爱的盛宴，是心和心美轮美奂的问答。

纳兰一生多情，最让他多情的还是文字，这才是他最大的欢。窗前，案边，纳兰再赋新词，卢氏小摇罗扇侧立一旁，看她的他笔走龙蛇。她喜欢这书房的味道，喜欢这男人的味道，也喜欢这诗词的味道。忽而凉风一缕，卢氏急忙取来披风，她容不得男人哪怕浅浅的一声咳嗽。自从看见这个略显清寒的男人，她就决定无怨无悔地做暖他身心的本草，一

棵花为他开，果为他结的本草。一生一味一暖，只为纳兰。纳兰容若望
她，也眼生清澈，心生柔软。

　　醉心于文字，多是忘情。墨香里，纳兰不知不觉心驰天涯；情怀又
生哀艳。人世里多少山盟海誓的相约，却常常无奈错过。如那不断的断
桥，如那开了又败的桃花。怪了谁？怪谁也无益，终是已经山高水远。
纳兰毕竟有许多的苦楚，想忘又怎么能忘，此时一落笔，那多不舍，又
成愁怨：

> 冷香萦遍红桥梦，梦觉城笳。月上桃花，雨歇春寒燕子家。
> 箜篌别后谁能鼓，肠断天涯。暗损韶华，一缕茶烟透碧纱。
>
> ——《采桑子》

　　红桥岸，月上桃花时，冷香如歌，多美的想见。只是醒来，胡笳声
声冷。那夜的箜篌过后，韶华如殇，再无刻骨铭心的乐曲，只有茶烟半
缕，一梦成空，惹人断肠。

　　这是念的谁，这是谁的念？

　　不必相问，人的心中总有这样的相迎和送别，在梦与醒里交汇。卢
氏知道，纳兰的心中的确有一个女子，她知道那个她，那个在宫帷深处
的她。纳兰身在富贵，却不游戏人生，淡然人间烟火，了然世事荣辱，
卢氏爱这多情的纳兰，爱这词间的容若。她不怨不问，与那词一起缠绕
婉转，甚至爱那词间的女子。的确，她懂得自己是一味疗这男人心寒的
本草，他需要这暖，可本草无猛药，更何况大寒大热总是伤身，只能慢
慢调理，才能让这个男人归于自然。

　　这是一个宽怀的女子，她与妾室颜氏的相处，也似那流水潺潺，和
风细雨地左右在纳兰的日子里。

　　纳兰爱这个女子，如玉的容颜，更有如玉的品质，却不似玉的凉。
这玉似是与生俱来的相佩，贴了身心，润了情感，那么宁静。这小小的
女子，似乎早已经看透世间风雨，淡雅如雪，甚至把自己的轻愁和浅忧
悄悄隐藏，只把安详的幸福给予这个世界，给予这个她爱的男人。不想

有丝丝毫毫的凉意，再惊扰那颗少年词心，只想伴他一路向春风，点燃
每一处的寂寥，红绿漫天涯，愿将所有的美好交与这个男子。

　　纳兰放下手中的词，望向身边的女子，忽然就有了许多的愧悔，说
好舍去曾经的，自己却还是常常沉溺于忆念的伤里，慢待了这个她，慢
待了这时光。她忘我无私，他却犹自独白。

　　她依然说，女人是一个男人的女人，男人是女人的生死荣华，可纵
情驰骋博取天下。爱南情北，吟东唱西，正是词间灵魂的完美无瑕。她
容得下浪迹天涯，她只愿他心灵的亭台能有小小的一个她，哪怕只在不
起眼的角落，独为燃烧年华，她已经知足。

　　这样的女子，让人心疼，让人融化，让人怎能怀旧，怎能依旧。舍
去回忆的黑白，吹散所有的灰，捧一束当下五彩的花给她。有风也罢，
无风也罢；有雨也罢，无雨也罢，都应给她一路宁静的年华。花廊画楼，
唱她绕指的三千温柔；诗间词中，写她独语的万般纯真。月白一半，风
清一半，漫卷自在，不在乎岁月起起伏伏。

　　她是他情感的盛世，是那芳草萋萋的春夏，案头心头沧海横流，君
临天下。

　　纳兰和卢氏，是水月的相遇。

　　纳兰爱水，她是那一溪清雅；卢氏爱月，他是那皎皎无瑕。懂了彼
此，就真正懂了日子，同擎一把伞，听雨说轻红重绿，枝头叶底，百般
婉约；共弄一叶船，泛舟湖上，看蜻蜓小立荷间问夏风，诸多风流；齐
品一壶茶，悟一朵山间云，醒一片溪中波，不尽优雅。当然，更少不了
杯中酒的小醉，娇羞几回，温柔几回，只把痴念一一呈现缠绵，十指相
扣，掌心只有开花的理由。日子，就这样一天天丰盈，把爱放在最喜欢
的每一个地方。

　　卢氏，纳兰最完美的词间花。犹如月在柳梢时，那扇窗的恰恰开，
无须风乱语，无须云多言，是梦的恬然。

　　卢氏喜欢刺绣，她绣枝上鸟，花间蝶，水中月，每一缕绣线都是那
么安静，全然没有表妹那样怯懦的小心翼翼；每一针的穿越都是那么优
雅，全然不是表妹那慌张的茫然失措。纳兰静立一旁，感觉到清泉在石

间流的味道，慢慢入心，那躁乱渐渐淹没，浮起一轮明月。真的，纳兰从没感觉到这种宁静，一如风雨飘摇中的孤舟，忽然有了岸的相依。他没想到这种前所未有的宁静，竟然来自一个女子，让他在伤感中有了这悠然的转向。曾经化不开的墨，升起了明月的氤氲，轻欢笔端纸间。

她爱他，只用从容；她爱他，不用卑微。

他也越来越爱了这个女子，让他陡然蜕变的真味本草。

花间一壶酒，月下一把琴，是他们日常的所爱。月似美酒，琴上飞花，是多少人的远方，这却是他们的青春此间，幸福这时。纳兰容若感觉自己就是一纸薛涛笺，虽然满有往日的底彩，遇到卢氏才开始尽展快乐的笔墨，这是他实实在在的红尘，是那逆冰夜而暖的篝火。没有相约，却有如此走心的相遇，这是情感的奇迹。

褶皱平复，霜雪归于春水。纳兰容若的青春卷土重来。

纳兰哭了，用他最清澈的泪。他和卢氏说着千言，他说惠儿，他说冬郎，他说十年的小手相牵，梨树下堆花成冢，流溪边折叶成舟，东窗下逐月成梦。他不再是从前那样忆旧成哭，话间甜软从容，朗月清风地说着从前，不忧伤，不叹息。卢氏抱一把琴，丝弦轻拨，她懂他的倾诉，她以安详聆听，间或莞尔一笑，报一个喜欢。

多少人被往事吓破了胆，一说旧爱就是苦不堪言。珍藏需要一种品性，不留意间却会生出沮丧，吐露更需要一种勇敢，展开自我常常是最灿烂。

纳兰就是这样纯粹，不为往事道歉，不为未来承诺，只许你当下。他爱他的妻子，爱她的贤良淑德，爱她的包容温柔，爱她的才情知性，真爱了，他才这样诉说。曾经他写下《艳歌》四首，最显倾情的是最后这首：

> 洛神风格丽娟肌，不见卢郎年少时。
> 无限深情为郎尽，一身才易数篇诗。

纳兰赞妻子卢氏的美貌可比洛神，而自比卢郎老丑。文中卢郎传为唐代书生，一辈子仕途坎坷，晚年才求得卑微的差职，但却娶得年轻貌美，而颇有才情的妻子崔氏。崔氏常常怨怒于这老夫少妻。卢郎心有幽默，求崔氏写诗来表述心中幽怨，崔氏遂口吟道："不怨卢郎年纪大，不怨卢郎官职卑；只怨妾身生较晚，不见卢郎年少时。"崔氏这一叹，自如那"君生我未生，我生君已老"。

纳兰以此典入诗，自不是有老夫少妻之叹，他只怨，生不相邻，遇不当年，相见恨晚。若是早早遇见，哪让他心生悲凉，身受苦寒，何有他卧床失金榜。

流年碎影，那些往事不再是纠葛的心结。他说往事如她，她就是他的两小无猜，她就是他的青梅竹马。命里有她，才是一种开始。

卢氏不想追问，何曾追问。但她爱这真诚的纳兰，爱他的清水无尘，她更愿将自己本草的心性，温暖他的一生一世。

卢氏的到来，让纳兰真的抖落伤怀，抖擞才华，虽倾情于爱意，却不缠绵于床帷。每日里挥墨书房，纵横于诗词文章，而夜间，也总是秉烛案前，畅游于史学瀚海。卢氏不恼不怨，总是伴于左右，凉时是一杯暖茶，热时是一团纨扇。因为她也爱墨香，她也爱书卷，更因为她更爱她的翩翩相公纳兰。纳兰也果然不负娇妻，不负这郎情妾意的好光阴，他的学识突飞猛进，史学、天文、佛典、文艺，渐趋峰巅。最是他的心情，壮志凌云的破晓而起，有了自己的天空。《通志堂经解》的编著，《侧帽集》的刊行，等等，都完成在这短短的时光里。

少年纳兰，恰似那小乔初嫁了的周郎，英姿勃发，羽扇纶巾，才情得康熙赏识，学识让万人赞叹，更惹了多少闺阁女子的今生怨，许了多少的来生情。

卢氏，才可续纳兰的诗词，情可化纳兰的心结。

纳兰最叹，有她真好。

纳兰公子的连连成功，名满天下，正是因了身后妻子那温柔的身影。不缺富贵，不缺荣耀，纳兰并没有迷失自己，其实他的心里要的并不是这些。浮华烟雨并不是他的所爱，他更欢喜的是，陪自己的娇妻花前月下，倾心于李清照夫妇那般，幽居青州时的"赌书泼茶"，也向往于风流隐士那样，南山观鹤，东篱赏花。

他想做自己，做妻子唯一的纳兰。

然而，他是男儿，他是相爷明珠的长子，他是纳兰府的廊柱，他甚至是帝王身前的荣光，他不可抛却世事烟雨，因为他寄托了太多的希冀、责任和担当。

纳兰容若，他没有承诺，却是无数人的承诺；没有誓言，却是无数人的誓言。他不可只做安逸于时光的匣中刀，他要闪耀，他要为父亲闪耀，为皇帝闪耀，为他的大清国闪耀。他的作为不仅仅应该是书页里的清风朗月，更应该是江山社稷里的纵横捭阖。

的确，没有谁的光阴可以收放在自己的手里，纳兰容若更不能，他要再求功名，为许许多多的他们。当然，这也是纳兰因为寒疾而错过的一次遗憾，并不是完完全全违了他的心愿。纳兰放下所有的自在，再一次打马扬鞭。

的确，世间一个人并不是自己的，所有自由无尘、白璧无瑕的梦想，都太过幻念，许多的现实需要面对，那无可逃避的存在。青葱有了沧桑，才叫年华；天真生出思索，才叫岁月。没有了起起伏伏，那才是愧对了一生，那似乎是命运的无聊，那才是索然无味的悲哀。

在奋斗的年龄，给自己一个机会，无愧无悔。有时候，退路其实就是一种懦弱，所有的借口，都是那么苍白无力。

都说，同为相门公子，纳兰似乎是晏几道千年的倒影。

此时的纳兰，他为卢氏而爱，因卢氏而天下，全然没有浪迹于红颜的晏几道的影子，若没有卢氏的薄命，大清不仅仅只有了这第一才子，也许康熙会有了与他并行一生的重臣。

卢氏福薄，何不是纳兰的福薄？

朝云渐入有无间

很多的时候，人们淡然富贵，是因为身在富贵；抛却浮名，是因为才名加身。纳兰容若却不是，在豪门，身荣华，却不苟且自己。青春那时，他也遥远在心，渴望与百舸争流，迎风搏浪，激扬岁月。生命之水的瑰丽，就在于波澜壮阔，那些所谓的了却和看透，是走过征途后的栖息。将千山万水收于智慧，看似宁静，却已经是胸有沟壑。正如再美的繁花，也不过是对果实的追随，那些所有绚丽极致的色彩，都是对滋味的献礼。

这就是，世界由眼入心的归依，是真正的抵达。

由春，由夏，由秋，至冬，简而生繁，删繁就简，如此，就是人的一辈子。壮阔的人生就在于起伏。那些失却四季的生活，多么索然无味，空对苍白，是无知者的痴痴傻傻。

活着，没有锦衣华服无所谓，怎可没有尘烟遍染的征袍？衣衫褴褛又如何，那是岁月馈赠的绶带和锦旗。

二十岁的纳兰容若，抛却旧伤，驱散心寒，重新跋涉，只因有了卢氏这美丽的遇见。不为功名利禄，只为了把自己最灿烂地展现，就像花无愧于春风。他要无愧于世界给他的这每一天，这日日叠垒的命。

他爱他的妻子，如同爱自己。妻子是他的又一个自己。他的绽放是两个人的绽放，他要百般努力才不会对这爱有所愧疚。极致，才是无悔。

有风无风的白日，有月无月的黑夜，书卷是他的追求之翼，笔墨是他的梦想激流，孜孜以求，毫不懈怠。每每稍有疲累，看到身边陪读的妻子，他又精神大振。妻的贤淑，是他温柔可依的岸，更是他征战沧海的远帆，满满的，都是鼓舞。

三百年光阴很远，可以沧海归于桑田，可以让曾经雄霸山水的王朝灰飞烟灭。而当年那人人争唱的纳兰词，却还在，在一个又一个的床前案头，还是万千人众的喜爱。人们在歌唱纳兰才华的时候，而不应该忽略卢氏，正是这个女子的滋润，让纳兰词更多了那柔情盈盈，才情烁烁。

她是他雪里的梅，是暗里的光，是她，让最浪漫的风花雪月，成为他日子里的寻常。

她是他一生不可或缺的女子，是她一生无可替代的女子。没有她，就没有纳兰二十岁后锦心绣词的最美年华。

只可叹，只三年，她便离他而去。失去她，是纳兰命薄，其实也是康熙命薄，是大清朝命薄。若她在，纳兰将是一生阳光明媚的纳兰，也许将是辅佐朝廷的一员重臣。

清人入关以来，那种气势汹汹的豪气，面对中原辽阔的天地，和博大精深的文化，他们是惊讶的，甚至有些恐惧，忽然感觉力不从心。刀剑的征服，不过是粗鲁的恐吓，那样太过短暂，只有心与心的交流，才能成就千秋大业。这些统治者们，开始跳下马背，秉烛夜读汉人的文化和智慧，渐渐地，心生欢喜。那野蛮而莽撞的灵魂宁静下来，买来文房四宝，琢磨着琴棋书画。那些卧看大漠孤烟、遥望落日长河，变成了亭台赏月、画阁听雨。收起了在风雪中已经破旧不堪的帐篷，筑起了金碧辉煌的殿堂。长城内外，别样的风情，让清朝有了别样的朝代画风，在满与汉的纠葛离合中，让帝王的圣旨几改诏令，不知如何着墨。

康熙比他的先辈们更明了许多，虽然少年登基，但圣心朗朗，着力儒家思想治国，以此让满汉人心融汇，构建大同。纳兰明珠能成为权倾朝野的重臣，正是基于汉文化的深厚博学。

纳兰明珠，世称明相，并非为官之清明，在于明仕途，明帝王心。

纳兰容若，作为纳兰明珠的长子，深受父亲影响，对于儒家思想特别热爱。然而他的热爱，并非和父亲一样为逢迎朝廷，逢迎帝王。他是听从内心的呼唤，听从灵魂的呐喊。这爱，是血液无可违背的走向，由心，灌溉全身。他是满人的骨肉，却是汉家的灵魂，那种儒雅，让无数的饱学之士都望而兴叹，自愧不如。

康熙是江山的太阳；纳兰容若，是京城的月亮。

汉文化，他爱，而卢氏的到来，让他有了更喜欢的追求。他说，她就是儒家思想里霓裳而舞的女神，有容有贤，有爱有真。他说，她就是他最完美的圆月，是那唯一的一轮。他要读透才学，殿试高中。那样，才是他爱的完美，才是他们爱的圆满。

用心而爱的他，已经将他和她不分彼此。

他秉烛夜读，她刺绣案边，日子就是这样笙箫而欢，相濡以沫。

康熙十五年（1776）四月，百花已经收了娇容，开始孕育果实。纳兰才学的汁液早在胸中翻滚，期待凝结成喜悦的浆果。终于，他迎来了补考殿试的机会。临出门，卢氏又前前后后扯了扯纳兰的衣衫，其实，那里本没有丝毫的褶皱。试想一个相国公子锦衣无数，哪容得有些许瘪塌。只是这一扯，是她对他的无限叮咛和爱意，是不尽的喜欢和期许，愿他归来，是意想中的春风满面。纳兰享受着妻子的这牵牵扯扯，感觉着如兰的呼吸。在卢氏伸展他胸前衣服的时候，他忽然按住了妻的手，他灼灼的目光，就惹了卢氏一低头的万千娇羞。

大门外，纳兰容若向父母施礼而别，转身的刹那，他将握紧的拳头靠近心胸，踌躇满志地发出誓言，他要做爱的英雄，为爱凯旋。

太和殿丹墀前，春色不远，夏风初至，康熙高坐，天下才子风云际会。纳兰容若，如愿参加了期盼已久的殿试。虽然寒疾的折磨，他耽搁了许多的学习，可在卢氏的温暖照料里，他重新打通了学识的脉络，面对"制策"之问，回答得游刃有余，妙语连珠。或许太过于清风朗月，虽然一举高中，但也只被录为二甲第七名。可这对于一个二十一岁的满人少年，已经是冠绝群伦了。想他的恩师徐乾学，出身儒学世家，才识过人，博学多闻，也不过三十九岁才中得皇榜，成为进士。

他足可以成为纳兰府的骄傲，足可以成为卢氏爱的英雄。

他打马回府，荷塘水榭，对酒当词。他要与他的她宿醉，不问朝云暮雨。

彩灯高挂，为纳兰容若。明府上下欢天喜地，似乎胜过容若新婚的盛景。那个时代，金榜题名时的荣耀，远胜那洞房花烛夜的欢喜。纳兰明珠万分高兴，远比自己的加官晋爵还激动，他在亲朋的祝贺中无比骄傲。且不说儿子貌比潘安的容颜，他的才华足已抵得了千般富贵，万般风流。

纳兰明珠，这个弄权天下、位极人臣的男人，他好久没有激动过了。

钱和权，这许多人的梦想，他已经欲取欲求。上朝，只为一人躬身，下朝，却是万人欢呼。府门前，车水马龙，川流不息，无数达官贵人恭敬而来，又恭敬而去，只为拜见大清明相，甚至只为踏上那几级台阶，这似乎就成了他们的荣耀。明珠习惯了那些阿谀逢迎，一切，都是波澜不惊。

可今天他激动了，他不仅仅是激动儿子的金榜题名，他更激动于那个活泼少年的归来。因为他历经了儿子寒疾折磨的那段日子，懂得了一切都不重要，唯有儿子安然。富贵他都已经给安排妥当，儿子尽可在岁月里左右逢源。明珠是这么想的，也是这样做的，他不曾给纳兰容若的职权做过谋划，不曾给康熙有过点点滴滴这样那样的暗示。他爱他的儿子，深知权利争斗那生死一线的险恶，多情的容若，太缺少这必要的诡诈。明珠深深懂得，只要有他在，儿子就是那京城翩翩少年郎，无须顶戴花翎去证明什么。

明珠贪权噬财到无情，却爱他多情的儿子，也赞他是词间少年。

此时，是纳兰容若人生的高峰，是他情感的高峰，身与心，到达了最完美的境界。峰巅上，是他和他的她。她是他盛季里的那朵莲花，不问春寒，不说秋霜，守他们的宁静安详。

人，到达了一个顶峰，总渴望新的征服。进士及第之后，纳兰容若欢喜之余，又生出了些许的落寞。仕途上有个常规，当被赐予进士功名，就会封官晋爵。高中皇榜日久，纳兰容若却依然被朝廷冷落在家中。说好了不事权贵的，考取功名只做爱的英雄。可清澈脱俗如纳兰容若，也似乎摆脱不了这俗念。这不免让人感叹，谁能如空中明月，优雅到不着一丝世间烟尘？

最尊贵的步履，只要行走，就难免沾染石阶上的寒霜。

纳兰容若，已经足够优雅，他的念想，不是贪婪，只是为了证明自己，只是为爱增加又一分荣耀，不甘潦草一生。

　　眉谱待全删，别画秋山，朝云渐入有无间。莫笑生涯浑是梦，好梦原难。

　　红味啄花残，独自凭阑。月斜风起裕衣单。消受春风都一例，若个偏寒？

——《浪淘沙》

人生如梦，好梦却难成全。都在享受着快意的春风，为什么唯有自己感觉到此间的寒冷？

烛灯下，茶凉了，书乱了，墨枯了，纳兰容若无心学问。好在有卢氏在，茶凉了，她再续新水；书乱了，她一一规整；墨枯了，她静心正腕再研松烟。她以百般的温情，驱散着纳兰心头又起的一层寒意。她说了，她做一味本草，只做他的有色有香有情感的，一味本草，一生一他一相偎。

卢氏的宽慰，让纳兰再生释然，那些功名利禄，也不过是天边云、瓦上霜、帘外风，实不该心生波澜。也许写词、修书、弄琴、探古更好，与妻问山听水，追花逐绿，亦有别样自在，再有三五好友煮酒论日月，自当快哉。没有富贵之累赘，没有权力之羁绊，如此一生，倒也是风雅无边。

富贵的纳兰，不说富贵；才高的容若，不言才高，守一方宁静，守一方爱情，守一方文雅风流，简简单单就是他的山重水复，平平常常就是他的沧海横流。风是箫鸣，雨是琴叹，时光的册页，就是这黑白的一明一暗。门，将日子一关一开，了断了惊扰，舍去了喧嚣。

原本就是要这样的，一如李清照青州当时的十年，狼烟之外的光阴，正是最美的人生繁华。也许这不是朝代的格局，但这是诗词的格局，一颗词心可以在这里优雅地安放。

宋代的时光里，李清照离开了易安居，再难心安。若是纳兰容若离开渌水亭，是否还会有词心若水？

康熙十五年（1676），纳兰容若与一生挚友顾贞观相遇。他在为其"侧帽投壶图"题写的《金缕曲》中，有"德也狂生耳。偶然间，缁尘京国，乌衣门第"的语句。不羁的纳兰，自负的纳兰，不拘礼教，不交权贵，知己好友多出寒门。他喜欢这种不着金粉的味道，喜欢那"也无风雨也无晴"的凉爽，酷爱那种侧帽风流。他将自己的词集也就题为《侧帽集》。

侧帽，典出《北史·独孤信传》，相传独孤信风流文雅，一举一动多为世人效仿。那一日他狩猎归来，天色已晚，只因急急催马入城，帽子侧偏也没顾得归正。第二天，城中所有戴帽子的人，都侧帽而行，以示俊雅，从此引为风流。

　　侧帽长街，果然有世俗不屑的味道。纳兰容若，正是这样的心，万千世事，皆归有无。不是谁辜负了他，不是谁遗忘了他，他有才华独辟蹊径，将心事于无花开处，开成冷艳千秋。他需要这样的寂寞，而繁华，却会让他泯灭。

　　寂寞会成就他，就像霜雪成就了红叶，就像冰雪成就了梅花。

　　富贵无爱，权贵无情。纳兰容若说："不是人间富贵花"。身为相门公子的他，不以富贵为爱，不以权贵为荣，归梦于自己，归心于自然，自是情爱无边。

　　近代大学者王国维赞道："纳兰容若以自然之眼观物，以自然之舌言情。此由初入中原，未染汉人风气，故能真切如此，北宋以来，一人而已。"

　　亦文亦武亦容颜，亦贵亦情亦花间，行云、披月、佩玉、吐兰，果然清初第一少年。

便无风雪也摧残

一杯茶的温香袅袅，一壶酒的浓情依依，一块墨锭的轻轻研磨，这是那些文人雅客的梦想。但不管你多么想躲避喧嚣，日子总是明暗闪烁地将你照耀，这是活着的咒语。隐于野，隐于市，都隐不了这样的格局。就算赏菊东篱下的五柳先生，窗影里，也时有风吹草动。隐不住没有烟火味的一年一年。

纳兰容若是有隐心的，可他在帝王面前如何隐得了？就算是一棵树，也不能随了自己的心性生长。那些阳光雨露，那些风霜雨雪，无不决定它命运的走向。

人生，更是世事难料的长途，那些坎坎坷坷，是说不出的突兀和生硬。须臾之间，就改变了命运。很难保，不是那南辕北辙。

入了进士的纳兰容若，本应官袍加身的，但他被冷落一旁，如一个白衣秀士。淡然的纳兰倒也落得自在。侧帽长街，笑吟亭台，呼朋唤友，煮酒烹茶，好不快意如风。一路漫步皇城的大街小巷，谁不知道明珠府的这位，明净的公子。

早在前一年里，也就是康熙十四年（1675）的十二月十三，皇子保成被立为太子，本名纳兰成德的容若，为避太子之嫌，易名为性德。随着康熙十五年，皇太子更名胤礽，纳兰再不必避嫌。皇榜上，其名又被重新改回纳兰成德。

中进士，复本名，纳兰容若本以为从此可以做自己。并且妾室颜氏，为他生下长子富格，更让他精神百倍。一个初长成的少年，竟然要承载起一个父亲的担当。

不管你身在万里，抑或咫尺的距离；身居柴门草屋，或是高楼深墙的庭院，皇权的威仪无不处处呈现。原以为身得自在的纳兰容若，突然接到了圣旨的传唤。

康熙并没有将他遗忘，因为他太爱这个才高行洁的少年。

在血腥的官场上，披坚执锐，百战不殆的纳兰明珠，竟然有这样一个心怀静土的儿子，这实在太出乎康熙的意料。他喜欢纳兰容若的清澈，他能在这颗绿水盈盈的心中，映照出自己童年的纯真。没有谁不念想自己的童年，哪怕贵为帝王的康熙也不能例外，那种恬静到唯美的感觉，是每一个人的留恋。

康熙爱江山，但他为奏折所累的时候，心底总会隐隐闪出孩提时的清波。毕竟，他还是个少年，和纳兰容若同龄的少年。

相对于浊气俗气满身的文武群臣，康熙珍视这股清流，就像怀念曾经的自己，但他不知道将纳兰容若如何安放。若是将他就此放入官场，他怕他会为此所累。那些尔虞我诈的争斗，怕是纳兰容若无力周旋。他也不想让他，在那争斗之中渐渐浑浊，失了清澈的本真。

一块玉与乱石为伍，终究是难免伤痕累累，无力全身而退。

玉质的纳兰，真的难以安然地在权谋中行走，不是他没有这样的智慧，只是他没有那样的狡诈。文武兼修，却清气若兰。初心，已经决定了纳兰容若的未来。

犹豫不决的康熙，在展开圣旨的龙书案前，几次将御笔拿起又放下。以纳兰明珠在朝中的影响，康熙完全能给纳兰容若一顶分量不轻的顶戴花翎，但他没有。思量了又思量，他还是没有将纳兰容若划入发放官服的名单之中。

他只给了他一顶小小的纬帽。纳兰容若没能掌印一方，也没有归入诗书的翰林。他，成了一名御前侍卫。

康熙不愧为一代大帝，即使是少年康熙，也是智慧满满。他既要将纳兰留在身边，又能让位高权重的纳兰明珠无话可说。御前侍卫，毕竟是明珠仕途起步的地方，这种安排，也似乎是一种诱导似的暗示。低调的差遣，或许正暗藏着宏大的将来。

帝王的布局，落子无闲招。

就算自傲的明珠，就算自负的容若，也不过是康熙掌间的黑白子，在康熙的指点里，用自己的臣子命运，完成帝王的布局。

棋手的帝王，子粒的臣民，演绎着一局又一局的历史搏杀。当一个皇帝在这种黑白围拆中将自己困死，那些棋盘上的子粒，就成了乱臣贼子。哗哗啦啦，归去尘泥。新的皇帝又登殿堂，臣民们又在新的格局里，生死无常，浮沉不定。好在最后一个大清王朝，也已经灰飞烟灭，再不见这般黑白格局。

不管康熙运用怎样的谋略，他是喜欢纳兰的。他自认为高山，却视纳兰为流水。两个少年，一个霸气齐天，一个柔情遍地。

康熙以知音的心喜欢着纳兰。

康熙在纳兰的倒影里，寻找着自己的田园牧歌。他，曾经也无边风雅，却转眼是流年碎影。他的身心被龙袍缠绕得太久太久了，只剩了玉玺方方正正的威严，他太需要纳兰这样的清风吹拂了。

御前侍卫，在皇帝面前，以一种不可侵犯的威仪抛头露面，似乎是一种荣耀，是难得的气派。但说破了，不过是屈膝叩首的奴仆，在皇帝直接的呼来唤去里，成为灵魂的僵尸。才高问先贤的纳兰容若，又如何肯如此屈身屈心呢？

他是流水，却只能屈身于一隅，他是白云，却无奈错过了蓝天。帝王，是天下的帝王；江山，是帝王的江山。差役何处，也总是在帝王的挥手之间。可纳兰不愿意如此贴身地侍奉皇上，只想在馆阁里修书写字就好，尽管那也是皇上的馆阁。他总觉得，离文字近的地方，离快乐就近。虽然他也能长剑成歌，毕竟一颗词心才是他的山高水长。

纳兰心事谁人知，康熙自以为同为少年，可懂纳兰，但他终是不懂。

> 紫玉拨寒灰，心字全非。疏帘犹是隔年垂，半卷夕阳红雨入，燕子来时。
>
> 回首碧云西，多少心期。短长亭外短长堤。百尺游丝千里梦，无限凄迷。
>
> ——《浪淘沙》

康熙喜欢纳兰，完全超过了一个帝王对臣子的喜欢，每每出行，多是唤为亲随，更常以诗词之欢召见。纳兰容若为此让众人艳羡，甚至惹得许多宠臣的嫉妒。习惯了行云流水的他，却不得伸展，躬身处倍感奴仆的卑微。那些诗词之论，茶酒之谈，琴棋之道，也曾经给纳兰带来一丝难得的快乐，可这种快乐只是昙花一现，转身就已经是凛冽霜寒，肃杀得让他心疼。

纳兰没感觉到自己是一个被宠爱的臣子，总觉得是一朵被抛弃在荒漠中的花朵，忍受煎熬，忍受焦渴。

长剑在手，斩不断恨意；佳句在心，画不出春风。多少思量在苦苦挣扎，蜷缩成案下一地的零乱。华冠下是一颗空荡荡的头颅，锦衣中是一颗干瘪的瘦心，在帝王的喜怒哀乐里招之即来，挥之即去。

纳兰容若，难以自已。

人前的锦衣如花，却是人后的寂寞如冰。父母以他为骄傲，家人以他为荣耀，却无人懂得纳兰的苦楚。心的归宿，梦的家园，都在帝王的指尖拈成了粉尘，随风一一飘散。每天，纳兰总是步履踉跄地回到家中，好在还有卢氏，那是纳兰容若可以安放心灵的地方。卢氏懂他，因为这是世间唯一可以为他对症疗伤的本草。以茶心为他开门，以酒香为他开窗，医他的身，养他的心。她，总能让心灰意冷的纳兰容若，在第二天的朝阳里，又一次意气风发。

他在她这里，纵情叱咤琴棋书画诗酒花。欢乐无海角，风流无天涯。赌书，趣满屋；泼茶，香满院。

纳兰容若和卢氏，这父母之命，帝王御赐的婚姻，看似是误打误撞，却成了人间难见的神仙伴侣。谁说世上没奇缘，人海茫茫，却偏偏相遇了最痴最爱的，这个他和她。直惹得纳兰容若声声叹，恨不相逢是童心，恨不相遇是青梅竹马。

他和他的她，不想有哪怕些许的相别。

家的爱，让他更疏离于那分职守，可皇帝更宠信于他了。纳兰容若离康熙越来越近了，但他离快乐却越来越远。他不想再这样温温吞吞地颓废此生，以文取功名，却得武职，粗鲁的皇恩违了他的心愿。但此时，南北的边陲，多有烽火，常有求援的奏报，急驰到太和大殿。纳兰倒想血染疆场而亡，给青春一个痛快淋漓的交代。康熙处理这些的时候，从不朝纳兰容若这边看一眼，毕竟他只是一个侍卫，只能追随在皇帝的身前身后。每有事务，他就会端坐在龙椅上，高声喊一句：众位爱卿。

秋凉时节，野兽肥美，正是狩猎的时节，康熙的一道口谕，旌旗就指向了郊外。

清朝这时，狩猎，早不是原始的猎取生活资料的手段，虽然还有练兵、备战的元素，但多为帝王权贵游乐的方式。《左传》中将这四季游猎称为"春蒐、夏苗、秋狝、冬狩"。近代，或许是源于血液里的本性，尤以清朝皇帝最喜狩猎。木兰围场，这块清代皇家猎苑，现在依然是一块水草肥美、动物繁荣的地方。

这本是纳兰容若的喜好，曾随父亲和一众好友在山野中驰骋，马似狂风，箭似流星，总是收获满满。篝火在夜色中点起，他们亦酒亦肉，亦歌亦舞，尽展男人的野性狂欢。追狂风，逐残阳，这本是他们民族灵魂里的幸福，也是他实实在在的快乐，他爱，可今天的狩猎，已经没有了那放纵自己的滋味，只不过是陪皇帝的一次逍遥，是取悦皇帝的一次虚伪做作的出行。

康熙可以违了他的心，但纳兰却不能违了皇帝的愿。那是帝王的居高临下，这种落差让他感受到了羞辱，让他有太多无奈，但又不得不表现得大方从容。他只有将所有的郁闷积蓄成满月之弓，将一支支利箭射向远方的丛林和荆棘。奔突的狍子、肥鹿，瞬间就一一翻倒在草丛中，漫山遍野是一片片欢呼。

他是词间英才，也是马上俊杰。

康熙懂得纳兰容若的才华，又见识了他的英武，更加喜欢了这位翩翩少年，特意在猎场对他进行了多次奖赏。纳兰拱手而立，脸上是宠辱不惊的秋风，任片片落叶打在他的肩上，滑落在他的身旁。

其实，他的心中，何不是掠过一场同样的秋风。

皇城里，不得自在，皇城外，依然不得自在。江山，那毕竟是皇帝的江山。纳兰忽然觉得自己就是那山中奔逃的动物，被命运追逐着，被命运戏弄着，也许哪一刻就扑地而亡，淹没在荒草之中，了无生息。这就是草民未卜的将来，这就是臣子难料的前途。

又一阵西风，吹起了他的披风。

纳兰容若，是皇帝的侍卫，但他毕竟是一个词客，无论何时何地，都难改他的词心。小立斜阳，他依马而歌：

平原草枯矣，重阳后、黄叶树搔搔。记玉勒青丝，落花时节，曾逢拾翠，忽听吹箫。今来是、烧痕残碧尽，霜影乱红凋。秋水映空，寒烟如织，皂雕飞处，天惨云高。

人生须行乐，君知否？容易两鬓萧萧。自与东君作别，划地无聊。算功名何许，此身博得，短衣射虎，沽酒西郊。便向夕阳影里，倚马挥毫。

——《风流子·秋郊即事》

多少红绿落秋风，多少青丝成萧条。人生苦短，功名利禄都是浮云，不如对酒当歌，才不负光阴。看似潇洒的词文里，却让人读出了不尽的颓废，不尽的悲凉。

此间纳兰，不过是二十岁的芳华少年，何以如此心灰意冷？其实正是御前侍卫的职位，让他如此秋心若水。

天马行空的豪门公子，却成了只能在皇帝的尺寸里进退的仆奴。他，心多有不甘。站在秋风里，看茫茫原野，生出无限苍凉。他多想放归自己，还自己打马万里的自由。

皇帝，还了他的原名，却是不能归还他心性的逍遥。

康熙不肯放手，他也只能听命于王权，南北追随。好在词心不灭，苦乐里不忘挥毫泼墨，如此倒也成全了他不少别样的文字，有相别时的情怀依依，也有大漠雄关的塞风凛冽。

烟暖雨初收，落尽繁花小院幽。摘得一双红豆子，低头，说着分携泪暗流。

人去似春休，厄酒曾将醉石尤。别自有人桃叶渡，扁舟，一种烟波各自愁。

——《南乡子》

即使红豆能分携，也难改相思两半。人去春断，是那桃花人面两处的惆怅。十指紧扣，也挽不住远去的春风，不舍也要相别，帝王的诏令已经身后催了几回。陪王伴驾，早已经没有了自己的自在，纳兰不得不告别卢氏。卢氏纵有千般不舍，也不得不放手。独守着他们的书房，在那墨香里，亲近着纳兰的气息，默默等那归来的脚步。

> 万帐穹庐人醉，星影摇摇欲坠，归梦隔狼河，又被河声搅碎。
> 还睡、还睡，解道醒来无味。
>
> ——《如梦令》

总是先入为主，李清照的《如梦令》，是我最初的遇见，让人感觉这词牌下，净是清新活泼的文字，多为美好。而此时纳兰，却是满纸的百无聊赖。梦断狼河，乡情漫漫。多想再入梦中啊，醒来总是无味的光阴。

此时纳兰容若的梦，和当年李清照的梦，似乎就真的隔了800年，隔了两个朝代的遥远，没有一点那样的快乐美好。

第三章

西风多少恨

珍重别拈香一瓣

"岁月极美，在于它的必然流逝。"春花、秋月，夏日，冬雪，都是人生最正确的答案。命运本就是可以列出无数方程式的解题，没有唯一。四季，都是你不可推托的责任和担当。那里，都有你的种种收获。哪怕是岸上看一段流水，也能悟一片流云。好吧，不去说禅悟道，就在那里走一走，听脚下风干的小贝壳细碎的脆响，日子是如此生趣安详。更何况还有小鸟在枝头，或是云端里的啁啾。岁月本来这般静好。

纳兰容若，以词为爱，渴望了然尘烟，归于朗月清风的清欢。可与红颜赌书泼茶，也可梅妻鹤子，清逸花间。诗为茶，词为酒，浪迹情怀。抑或梦回东晋，醉入桃花，寄心菊花。又或者寄迹宋朝，"竹杖芒鞋轻胜马"，随了苏轼豪放山水。也或者烂柯山中，遇了那仙者，醉心黑白，不问光阴。

他有追风逐月的心志，还有德貌双馨的娇妻，身在皇帝身边，人在富贵门庭。如此优秀，真是不枉了年华春秋，惹无数人羡慕。

可有谁知，他寂寞，他纠葛，年轻那年，他还没学会了断。敏感于草木，敏感于世事，敏感于人心。一个情字，注定了纳兰胸怀的起起伏伏。山清水秀里，亦有许多落花成殇。捡不起，放不下，愁肠百转。

他心中放不下表妹的离去，他情中不舍得和娇妻分别，哪怕只是短暂的一朝一暮。

不忍离去，表妹终于离去；不舍分别，却常常要与娇妻分别。短的短亭，城边郊处。长的长亭，边塞冷月。

世间，没有绝对的自由，哪怕是风，都要无奈地忍受是非曲直。人，更是要有一分责任，不管你愿不愿意，都是命运的应该和必须。邀月的心，却等来了一片云，那些无奈的意外，也无法回避。湿了两肩又如何，脚步也不能停留。没有行走，或许就没有下一个更好的遇见。是的，需要沉思，可永远的沉思，也意味着永远的失去。在你一转眼的刹那，枝头是又一个花季离去。

纳兰容若是康熙的侍卫，他就要陪王伴驾，时时等待着差遣。这是他的责任，父亲明珠也常常告诉他，这也是大清朝赋予的责任。一个帝王的安危如天，似乎牵连着一个朝代的命运。这是明珠曾经也身为侍卫的认知，更是他官宦半生的感悟，他用这些，时时教导着纳兰容若。纳兰容若，虽然还是少年，却早已没了懵懂无知。他懂得，他身边的这个少年天子，就是大清朝的太阳。哪怕心中有多么的不如意这份差役，他也要尽心担当。

其实，他厌恶于这份差使，却并不厌恶于这个帝王。有时候与他相坐，那谈吐，那博学，那睿智，那英明，让他似乎也喜欢上了这个皇帝，如同皇帝对他的喜欢。论诗词歌赋，论江山起伏，论黑白是非，甚至论情爱欢忧，康熙都表现出了，不同凡俗的认识深度和广度，让纳兰容若这个傲然天下的京城才子，也倍感仰慕。

康熙，他说自己是太阳，那凌厉的光芒，不过是臣民们赋予他的威严，无关自身。

康熙，他说纳兰是月亮，那优雅的光芒，完全是基于内心的才华。

他们是一个朝代无二的太阳和月亮，在三百年的清朝那时，在清明那时的京城云端。

纳兰容若诚惶诚恐，作为同龄的少年，也许可以这样类比。刚毅的玄烨，柔情的容若，真有日月的辉煌与清澈。可一个帝王的说辞，让他汗流浃背，且不说一个臣子，永远没有与帝王平起平坐的资本，就康熙的学识，他也自叹不如。

康熙，八岁登基，十四岁亲理朝政，十六岁铲除居功自傲的辅政大臣鳌拜，平三藩之乱，解南北边关困局，重视农业，兴修水利……短短的时间里，功业非凡。虽然还是二十岁的少年，却将大清朝打理得像模像样，初现盛世规模。

他，纳兰容若，苦叹愁吟，也不过诗词三五，何以相比了眼前这位少年的灼灼其华。

贴身日久，他更生了对康熙的仰望。他懂了，他，何以为帝，他，何以为臣。金和玉的富贵和文雅，一个是帝冕上的富贵相，一个是指掌中的品格调。本质，才是人生高下立判的核心。

他对康熙的王者之气，日渐敬畏。

康熙，却不以王者之心待他，他视纳兰为知己好友。他非常惊讶，纳兰明珠在仕途上可以说老谋深算，可为大有心机之人，而他的这位儿子纳兰容若，却是清新脱俗，不染尘垢。富贵齐天的相府里，竟然走出如此俊逸的翩翩佳公子。

历史，给了清朝一个康熙大帝这样纵马江山的传奇，也给了清朝一个纳兰容若这样诗词风流的奇迹。

纳兰如月，无云丝缠绕；纳兰似玉，无泥灰沾染。康熙太需要这样一股清流，在他日理万机的忙碌里，在群臣叽叽喳喳的争斗里，洗涤他心中的烦躁与郁闷。一首诗，一首词，就是他的一抹溪水潺潺。

有纳兰容若在的时候，康熙就如船在碧波的逍遥，宜茶烟袅袅，宜酒香飘飘，宜手谈胜败，宜诗词格律，风轻云淡中，散去那心中的疲累。他忘了自己还是那双肩担江山的帝王。

让康熙更为欢心的是，同是双十少年，他们可以共谈女子，说他们的爱。幽幽的雅室里，静静的凉亭中，只有他和他。没有了帝王和臣子，只有两个少年，悄悄说着他们青春的风流偶傥，说着那年那月的那点欢和伤。

康熙和别的帝王一样，可谓是后宫佳丽三千，但他一生最爱的，却只有四个妃子。即延禧宫惠妃纳喇氏、翊坤宫宜妃郭络罗氏、永和宫德妃乌雅氏（后为孝恭仁皇后，雍正皇帝的生母）、钟粹宫荣妃马佳氏。

宜妃，活泼机灵，常常伴驾出行，尤其是那有山有水有花开的江南，也就演绎了精彩的《康熙微服私访记》。

德妃，雍容华贵，"仁风诞播于八方。壶德流辉"，威仪后宫。她能晋升为皇后，一为品德，更是因为她为康熙先后生了三子三女，尤其是四皇子胤禛，在诸位皇子争储之中计高一筹，成为后来的雍正皇帝。而皇十四子胤禵，一生戎马倥偬，战功卓越，深得康熙重用和宠爱，一度传为接掌江山的人选。由此遭受同母兄弟的雍正嫉妒，继位后，便将他幽禁，继而以残酷的刑法圈禁。演绎了一场"本是同根生，相煎何太急"

的兄弟悲剧。

雍正，这位夹在康熙和乾隆之间的皇帝，有些尴尬，每说清朝，自是让人想起康乾盛世之说，雍正除了血统上的承前启后，似乎有些平庸，也就有了他以卑劣的手段，谋取了其弟本应继承江山的传言。甚至亦有康熙不过是看上了其子弘历，才传位给他，雍正不过是"父以子荣"的过渡者。的确，雍正没有兄弟胤禛南征北战的不世之功，没有被废太子胤礽文韬武略的经国才学，在众多的太子中，毫无木秀于林的聪慧。但他执政十三年之中，为政举措还是卓有成效的，平稳地将江山交到儿子手中。虽无大功，也无大过，为江山也是殚精竭虑，重用能臣贤吏，并留有"雍正一朝无官不清"的说辞。他自知平庸，便自诩为"以勤先天下"。也许康熙正是看中了雍正的中庸，才传位给他吧，不想让江山大有起伏。

雍正的母亲，乾隆的祖母，德妃高居后宫自是应当。

荣妃，一生为康熙生下五子一女，足见其受宠程度。她清逸淡然，秋水长天，从不巧于心计，康熙非常享受她这里的清逸淡然，江山政务皆可抛却，归于脱去龙袍的物我两忘。

惠妃，德才兼备的女子，既有温柔倾国，又有品貌担当，更难得的是，她还有女子极少具备的谋略。康熙爱她才貌，更爱她的思想，将后宫的事务多交由她来执掌，惠妃却也不辜负，竟然把尔虞我诈的宫帏，治理得和风细雨。一个帝王，可以在她这里俯首，可以在她这里倾听。一种折服，也是她首得宠爱的根由。

惠妃，就是惠儿。她从富丽堂皇的纳兰府出来，走进了广厦万间的皇宫，"一入宫门深似海，从此萧郎是故人"。她不是不爱，她不是一个喜欢忘却的女子，可又能怎样呢？也只能将万千情丝，收于淡薄。她的生死，不只是她自己的生死，甚至都会危及她的纳兰。她不再倾听高墙外的风声，不再仰望高天上的流云，她要用自己的低眉之欢，维系无数亲情的平安。

她，是一个懂命的女子。

御前侍卫，总能时时嗅到后宫的味道。纳兰容若总是担心着那个女子，牵挂着表妹，那毕竟是他的青梅竹马。然而与康熙的朝夕相处，他深知这不仅是一个经天纬地的一代明主，还是一个情怀云天的儿郎。那胸怀的宽广，学识的渊博，谋略的高深，远不是他所能及的，就连他自傲的诗词，也空泛成了一场烟花。

惠儿有倾国之貌，康熙是经国之材。他觉得，这位少年天才，的确才是表妹天作之合的寄托，他们才是最应该的相爱。他纳兰和她，不仅仅是缘分的错，错的是他配不上她。

他的爱，真心有了交付。

惠儿，永远是心中的那朵莲花，有禅意，有佛心，静静地藏在灵魂的某个地方，在那不远不近的距离里，厮守着最美的祈祷。在某个花开或是叶落的黄昏，偶尔用诗词祭奠一下那段年华，不枉彼此的相遇。不写别后的恨，只写相逢的欢，清清亮亮，碧水蓝天。

他一直以为，那深深的宫廷，是没有爱情的地方，钩心斗角让每朵鲜花都变得心怀凌厉。走向那里，人性再无退路，幸福就被逼进了死角，也只有活着的意识苟延残喘。毕竟历史记载的皇宫秘史，总是那样血泪斑斑。一群温婉的女子，一入那片奢华的深宫，就横生出爱恨情仇。裙裾翻飞间，多少绝世红颜香消玉殒？

纳兰容若曾经担心，表妹哪有心计解开那多纠葛？那里是她的虎穴龙潭。可他从康熙的从容里，看得见表妹的快乐，看得见雕梁画栋间那个安然的丽影。

他懂了，康熙，不是一个薄幸的人，不是一个只识红颜不识心的锒铛帝王。

纳兰为曾经的痴爱心生惭愧，为那次不顾生死深入后宫的荒唐不安。此时，他更懂了惠儿那时的平静，那时的冷漠。她是对的，那森严的宫规，是毒药中的毒药，是利剑中的利剑。他们的一个眼神，就在生死一线间。那不卑不亢的姿势，那冷静，是此时无声胜有声的爱。他知道表妹要的不是那荣华富贵，不想那轰轰烈烈，只求那宁静致远。她要的只是红爱绿欢，简单成阶前的一花一草，从容成水中倒影低吟浅唱的缠绵。

屋是草屋，墙是篱笆，一桌一椅的相爱，就是天长地久的福。

可爱不是背对背的慌张，既然相遇有了别离，就不要只在往事里依赖。

纳兰容若知道是自己好好放手的时候了，哪怕算是一种背叛，如此，也是给过往一个交代，虽然也有过这样的想法，只是那时还有些不那么坚定，更深地认知了康熙，他才有了这分决绝。他该还表妹和康熙一个风平浪静的爱，给他们风花雪月的情。

初遇最是精彩，那么刻骨，那么清新，可既然缘分已尽，就要感恩曾经，做到聚散两依依。虽然爱着，却不要为难岁月，那才会有更美的流年。

她有他的帝王，他有他的卢氏，彼此鸟比翼，枝连理，多好。再牵挂，都是不应该的奢望。

少年纳兰容若，铅华洗去，渐懂世事，少了旧事的缠绵，他再为自己喝彩。放手是一种善良，善良是最辛苦的实在。

纳兰容若的从容却是只在刹那，忘却是一个悲伤的过程，情依旧徘徊。

几多从容，几多无奈，几多纯真，几多叹息，"人生若只如初见，何事秋风悲画扇"。在情感之外，在情感之中，最难的是实实在在的从容。

雁声远向萧关去

　　无论富贵还是贫穷，都难以纯粹地风平浪静。一路行走，一路波折，那才是真实的人生。不问苦乐，不问欢愁，不问爱恨。的确，经历过，才无愧光阴。苦霜、落叶，也会让人爱到痴狂。每一段经过，都是无悔的享受。那个不知的征途，永远是让人激动的期待，不说胜败荣辱，都应该引吭高歌，才不枉这一辈子。既然宿命难解，就该懂得百般从容。

　　纳兰容若了却了那份情感的牵绊，却了却不了仕途的辛苦。在别人看来，侍卫，是帝王的贴身之宠，可这对于纳兰容若，却是一种挣扎。他的确也有仗剑风雨的武学，可心底的风流，使他更愿意做完完全全的词客。一阕江南雨，一阕北国雪，只写世间文艺风流。可康熙的爱，让他不得不执刀而立，左右追随。皇帝要的不是他有经天纬地之才，要的就是他的词心，在国事的繁杂里，点缀自在的韵律平仄。

　　短短的时间里，纳兰被晋级了侍卫的等级。这于纳兰容若，似乎是更上了一重枷锁，但别人从他的身上，却看到纳兰明珠的影子。他的父亲，正是起步于这皇帝侍卫，一级一级提升为内务府总管、刑部尚书、兵部尚书、吏部尚书，再被授予武英殿大学士，以至加封太子太师，成为独揽朝纲的明相。

　　纳兰容若，又要成为下一个权倾朝野的一代重臣？无数人在背后，指指点点地猜测着，也有人有意无意地套问康熙。那个年轻的帝王，端坐在高高的龙椅上，只是笑而不答，然后只说了一句：时间不早了，该是散朝的时候了。那散去的群臣，却不甘心，依然低声地说着，那个常与皇上同行的词间少年。

　　无心的纳兰容若，却难挡别人的有心。那些嫉妒，那些诽谤，那些谣言，也就无端而来，像秋日田野中呜呜泱泱的蟋虫。他烦，他恼，他苦闷，任他有利刃在手，也挥不尽这漫天愁绪。

　　一个金殿殿前的纳兰明珠，一个皇帝御座后的纳兰容若，一老一少，惹了一些人的惶恐。

或许在父亲纳兰明珠每日殚精竭虑的思索里，看透了仕途的险峻，纳兰容若无心富贵，更无意于权力。北宋年代的晏殊和晏几道，一个是经略天下，一个却醉卧花丛，父子二人是完全相悖而行的人生。纳兰容若和他的父亲，似乎也是两种截然不同的心境。纳兰虽然不是晏几道那般，"金鞭美少年，去跃青骢马。牵系玉楼人，绣被春寒夜"，却也是心生婉约。可他身在君王边，又无法将时势的困扰置之度外，就像雄鹰困于牢笼，竹笔远离墨海，难有作为。既不得自在，也不得滋味，只能浑浑噩噩于日子黑白。

　　他需要一个呐喊，需要一个喷涌，需要一个爆裂。他渴望将身上的锦衣华服，绽放成云天纷飞的花瓣，再一同带上苦闷的灵魂。

　　好在，机会来了，让他苦苦低吟的心，有了大漠长风的洗礼。纳兰容若奉旨远行，将随康熙出巡塞外。京华少年，太缺少这样的征途了，也许，那里有他想要的呼吸。雪寒冰冷，正是他想要的沐浴。青春那年，谁没有一番云蒸霞蔚的雄心？

　　纳兰容若，也少年。

　　此一去，天远云低，路途漫漫，家将是身后的天涯，再无妻子卢氏的朝相送，暮相迎，同饮月色醉一场。别，总是依依不舍，可他又不得不与帝王远行的队伍步调一致，离开京城。长亭也长，短亭也长，都是不尽的长长牵挂。立马关山，纳兰忽然就想，若是生在乡野人家，再无功名所累，与心中的她，素衣草履，粗茶淡饭，"日出而作，日落而息"。如此，多好！

　　他，就做那雪里奔跑的冬郎，不做相府里的成德。

　　扬鞭北去，天高地阔，忽然就激扬了纳兰心中的狂野，青春又勃发。毕竟他的血液里，潜藏着先辈们这样跃马扬鞭的深流。他的祖先们，就是风雪中逆行的民族，伏虎捕豹，牧马放羊。一堆篝火映红了关外，映红了一群男人铮铮铁骨的胸膛，烈酒兽肉壮阔了他们的胆魄。努尔哈赤虎奔狼突，涤荡了塞北的烟雨，统一女真，盘踞辽沈沃野。皇太极更是乘父辈之勇，与八旗弟子翻身上马，他们刀指南国的红砖碧瓦，一声呼啸，万骑奔腾，涌向关内。

袁崇焕，这个南方的男人，却任职于北方边关。他更有理由成为英雄，成为挽救大明江山即倒的那个擎天一柱，可明思宗糊涂而为，凌迟了这位"一人可镇守山海关"的将领，其实也为自己在煤山，早早挂上了了结性命的索套。看似他是因李自成而死，其实，胆怯昏庸才是自己丧国丧命的根本。好在看起来蛮勇的满人，心底倒是仁厚，给了他一个入土为安。

吴三桂，守不住关隘，更守不住志节，他用军旗包裹起了战刀，伏地而拜。正是山海关瞬间的崩塌，满人排山倒海汹涌而入，漫过大明朝的山山水水。

面对爱新觉罗·福临势若狰狞的塞外狂风，沉溺于中原文明近三百年的明人，早已魂飞胆破，终于为他的懦弱付出了亡国的代价。而历史的烟尘里，引清入关，诛杀明朝余脉永历帝，称帝衡州，三变取巧的吴三桂，为后人所不齿的宵小之人，也终于败于康熙帝少年有为的谋略。

一个朝代的土崩瓦解，也意味着废墟上，筑起又一个王朝的巍峨宫殿。

京城向远，大漠黄沙，铁骑长戟，那曾经的硝烟虽然已经散尽，那战旗上的雄风犹在，慢慢鼓胀了纳兰容若的心胸。一个贫寒的塞外苦苦挣扎的部落，能够君临天下，霸中原沃土，拥江南山水，那要何等的英勇？

跨马塞外，山瘦水寒，风野雪狂，更闻胡笳声声冷彻心扉。纳兰容若承父亲所爱，对汉文学的经通非常人所比。此情此景，他不由得想起蔡文姬，虽然一代才女早已不在，可她的《胡笳十八拍》，依然逆风飞扬，撕心裂肺。悲凉之中，他又想起了富贵的皇城，想起了温柔的妻子，一首词，婉约里，却又透出了别样的苍茫：

> 非关癖爱轻模样，冷处偏佳。别有根芽，不是人间富贵花。
> 谢娘别后谁能惜，漂泊天涯。寒月悲笳，万里西风瀚海沙。
>
> ——《采桑子》

纳兰容若，生在繁华之家，却是身心有梅花的寒客。他，是那个飞雪如梦的冬郎。东晋已是废墟不见，东汉也是荒草连天，那个咏雪为絮的才女谢道韫不在了，那个胡笳吹雪的蔡琰也不在了。红颜凋敝，琴弦唱断，谁还念这不是人间富贵花的雪？白白的了，白白的伤，白白的地老天荒的遥远。朵朵雪花盛开的塞北，只有一肩北风，一肩黄沙的男人，横马立刀守望边关。生，是战旗的漫卷，呼风唤雨。死，是旗杆的坚毅，顶天立地。

　　对古代才女的叹喟，似又有对表妹的怀想，不过，只是刹那，更多的，是纳兰容若对妻子卢氏的思念。这般漂泊，如同天涯，京城遥远，还能有谁来安慰他。遥远的她，才是这风雪中盛开的火苗，不媚不妖，安然而笑，如灶前那温暖的缭绕，映脸，照心。

　　边塞的荒凉，让他更加清醒。心无富贵，却在豪门；不事权贵，却在君侧。

　　纳兰容若，生生被命运戏弄，犹如画卷里的芝兰、丹桂，无根也无香。他想归于荒野，归于泥土，一直到那个飘雪的冬天。只有干干净净的自己，没有所有的遇见，可这，却是身不由己的不可能。活着，就有悲欢荣辱的遇见。

　　纳兰容若轻抖缰绳，马声嘶鸣，蹄下飞雪，冲上了一个高坡。他多想就此融化在无尘的世界里。雪起，是他的春；雪落，是他的秋。如此雪起雪落就是他的人生四季，无欲无念，只向天地高歌，莽莽苍苍，心有辽阔。可他与这些终是无缘，这次塞外远行，只是帝王的旨意，只是朝廷棋局中的一招。落子，有关江山。

　　与康熙策马同行，任他词心如雪，注定是一场和红尘不能远离的行走。帝王和臣子，永远是荣辱纠葛的岁月风云。

　　康熙扬鞭一指，众马蜂拥而去。迷离之中，纳兰容若已经找不到了自己。一个风雅无边的才子，如此混迹在皇帝仪仗之中，那是一种错误，是一种荒唐，是一种悲哀。明知是一个错，却没有谁可以挽回。他就像那满雪的弓刀，藏尽自己的光芒，藏尽自己的英气，在别人的世界里屈心而行。多想抽刀高呼，乱雪纷飞，了断今生的心底怨，心头愁。什么经文纬武，锦衣桂冠，只唱自己一泻千里的江河。

雪，是他的灵魂，也是他的孤独。他寻找，寻找那枝梅花，曾经的惠儿，他以为那是真实的遇见，谁知十年别院的表妹，也不过是擦肩而过的相逢。红墙深处，她已经是皇宫里贤淑的传说。惠妃和康熙，成了一个朝代的佳话。他站在宫门外，似是一个罪过的存在，不敢说进退。

他是冬郎啊，他在雪中等待，等待那枝梅花，等待那温香的知己，不，表妹是不能来了，那是不可能的奇迹。再宽怀的帝王，又怎可能在自己的大荣辱面前，让步于臣子，历史，难有这样的荒唐。春秋战国时期，"灭烛绝缨"的楚庄王，已经足够仁慈了，没有谁可能是更进一步的超越。帝王的女人，永远是臣子们必需的避讳。

夜色如殇，营帐连绵，错落的灯火，在风雪的肆虐中倔强地亮着。纳兰容若巡视着四周，在渐深的更漏声中守望着黎明。其实，这并不是他的期盼，这只是一个侍卫的责任，是一把刀剑的使命。他更愿意在这夜色里，去寻觅一种莫名的召唤，去感受呼啸而过的那种刺骨的快感。他太麻木了，麻木了太久，就如同他身上没有温度的盔甲，他需要这种尖锐的东西唤醒自己，唤醒一颗心的跳跃。

　　　　山一程，水一程。身向榆关那畔行，夜深千帐灯。
　　　　风一更，雪一更，聒碎乡心梦不成，故园无此声。
　　　　　　　　　　　　　　　　　　　　　——《长相思》

"身向榆关那畔行"，词中的"榆关"，即山海关，因多种榆树而得名。榆树，常植于乡村四围，所结榆钱，可以蒸食，口感黏滑，很有田园的味道。这般栽于边关，似乎透出了将士们绵绵的乡情。那棵树，在风雪的边关，那棵树，在乡心的梦里。

山海关，就是清兵突击中原的要塞，纳兰容若溯流而上，迎风而走，他以为是一次灵魂的回归，是家园的寻找，是追寻先祖的胆魄。风雪里，寒意席卷而来，他才懂，卢氏才是他诗词中的"蓦然回首"处，她才是他的故园烟火。

满心婉约的他，也渐起豪放，呼啸的风里，词风有了别样风采的雄浑之气。就像大词人李清照，早年"绿肥红瘦"的妖娆，也在向南漂泊的路途里，有了"生当作人杰，死亦为鬼雄"的铿锵。

　　塞上行吟，纳兰容若有了不前不后的一段豁达，在他情感温婉的人生里，是剑锋般的别样光芒。

　　在天涯，在征途，这是一场盛大的人生洗礼，他开拓了灵魂的疆域。风雪声声，沉入心底，那种血脉里的狂野，归成了更清澈的净土。

　　其实，他还不知道，落雪是他的初心，也是他的归途。雪里来，雪里去，鲜衣怒马，是他碧彻盈盈的一生。

那堪孤枕梦边城

遥远，是很多人心中的期待，那种旷远的追寻，深入人们的灵魂。未必渴望什么惊艳的遇见，未必渴望什么美丽的邂逅，那人、那花、那景。世事太过于喧嚣了，远方就成了一种诱惑，以为那里，梦可以自由地绽放，心可以有一个宁静的栖息。远方，似乎是永远无忧无虑的地方，是红尘的彼岸。累了，就摇一把橹，穿过幻想的宽度，给心找一个，可依可靠。

远方，精神的执念，也就了人们将那个叫着"海角""天涯"的地方，当成了心念追逐的圣地。

净土，真的在远方吗？其实永远不能到达的地方才是远方，脚步走过抑或站立的地方，都是红尘。

可是，人们一直期盼着、寻找着。远方真的很远很远，永远在远方，像一句到不了尽头的禅语，像佛珠在指端的捻动

纳兰容若在离开京城的刹那，还是有所激动的，但那激动只在刹那，心中立即就有了两个远方，一个在胸前，一个在身后。很多人说，纳兰容若心性若瓷，太过于脆弱，身为一个弓刀在身的侍卫，骑射精通的满族男人，却不能使自己有所刚勇，即使是略显雄浑的塞上诗词，也气力不足，一如宋瓷的开片，优雅里，满是斑斑伤感。情，是上天赋予人血脉里最柔软的元素，可沉郁，也可高歌。只是多病，让纳兰积蓄了更多的伤感。这样的他，是难以了断朝廷纲常的，也不能刀下无情，了断江湖恩仇。康熙用他做侍卫，真的不是想给他和他父亲一样的仕途，也不是求他的忠勇，康熙要的，就是他的一阕一阕的感叹，好在他政务的繁杂里，看一段蝶舞，听一曲花开，醉一场美酒。

柔软的纳兰容若，怎能适合铁血心肠的政务？慈悲的纳兰容若，哪能位立尔虞我诈的朝野？康熙用他的言语，一次次暗示。

纳兰容若，其实就是一把折扇，在帝王的手里折折叠叠，闲时尽展风流，伴君琴棋书画间潇洒。忙时拢起所有，成为案边的寂寞。骨是竹

笔的骨，有心有节；情是纸张的情，宜书宜画。不管日月是如何风雨飘摇，从纳兰容若这里看到的，总是月白风清的安逸。砚台，才是他的江山，清浅有方寸。

风雪兼程的边塞之行，康熙更需要这样的纳兰，给自己颠簸的旅途寻一份安心。每次出巡，他都要他的相伴。可对于纳兰容若，他心中比别人有更远的远方，但他要的是一个人的远方，独自的呐喊或沉思，任风撕开自己的胸膛，任雨灭顶自己的欲望。而现实却是让他紧跟圣驾，甚至每一个脚步都要规矩，不得零乱。他越来越感觉到，他与康熙，只是一种休闲，可为漠上风，亦可为塞上雪。每有政要之事，他只能是立身一边的臣下，更多的是回避在外的仆从。初遇塞上风雨的当时，纳兰容若也曾鼓起了先祖跨马山河的豪迈之气，也曾想无问西东，引吭高歌，做一个南征北战的国家英雄。可康熙对他这份雄心的回避和漠视，让他渐渐心灰意冷了，退却一旁，暗自神伤。

相传，纳兰曾经三次上疏，提出领兵边关，逐鹿疆场，可都被康熙驳回了。尽管那驳回很委婉，不是声色俱厉地喝斥。但这对于本就脆弱的纳兰容若，无异是一个极大的打击，更何况，一而再再而三地婉转拒绝，足以抵得过怒斥了。

纳兰容若，只能跟在康熙身边，忙前忙后，再不敢声张。多嘴的奴才，永远不是主子的欢心。

文韬武略曾经让纳兰容若百般自负，如今天天面对康熙的指示，他已经疲倦了这样的差使，更厌倦了这仕途。可纳兰是重情重义的人，任凭自己有多不愿意，也会忠于职守。作为一个侍卫，那就要尽职尽责，为了皇上的安全，手中刀时时要保持足够的清醒和警惕，打量着每一缕山风和夜色，所有的风吹草动，都是他们不可放过的蛛丝马迹。

单纯地做一个侍卫也就罢了，就让风雪时时拍打自己的征袍，让他心有一个战士的威仪。可康熙总会唤他，说一些阳光雨露，让他不得不频繁地变换着文武角色。在这种呼来唤去里，他更感觉到一个臣民的奴颜婢膝。屈身的他，感觉到的更是屈心。

爱情，他不得不放弃，不得不屈从；举止，他不得不规范，不得不小心翼翼。一个才高问先贤的富贵才子，那放纵天涯的心性，深知了在帝王面前的无奈。这让他的傲气成了自卑，成了情殇，一生忘我于凄婉的词间，几无男儿之勇，偶有回血的激昂，却得不到丝毫的回应，血性，也就成了没有质感的水性。

康熙的爱，对于世俗的人众也许是一种福气和荣耀，是一种难得的机会。在与皇帝的窃窃私语里，更有机会成为宠信的近臣，就像他的父亲。可对于纳兰容若，这简直是一种伤害，皇帝的亲近，让他更生疏离，更感落寞。他是父亲的骨血，但他不是父亲那样迫切于权势的性格。他有时深为父亲感到悲哀，看似位高权重的样子，那些众生面前的盛气凌人，也不过是狐假虎威罢了。在皇帝的股掌之间，在皇帝布设的道场里，也只是一个没有自我的器具，僵尸一样的行走。

一出戏，一群人，所谓的荣光顶戴蟒袍，也只是皇帝随心所欲分发的道具。生旦净末丑，忙忙碌碌、争争吵吵，以自己的努力，上演着别人希望的角色，是非忠奸，常常身不由己。得意扬扬也罢，失魂落魄也罢，只在帝王的喜怒之间，他说一出是一出，他说落幕就落幕。他坐南背北，让万众唱、念、做、打，荣、辱、生、死。

其实，臣子身不由己，帝王也有自己的身不由己。历史的折子戏里，没有谁能从从容容做自己。若遇得江山颠覆，帝王比子民们更狼狈，皇冠歪斜，龙袍凌乱，一路屁滚尿流，却也常常落得身首异处。将相灰烟，帝王枯骨，都一样难逃岁月的涂鸦。史卷上写一笔荣辱又如何，也不过是一声赞叹，一声惋惜，和轻风一起，翻过那一页的陈年旧事。对与错，功与过，任身后的人七嘴八舌。

用情的纳兰容若，看透了世事烟火。夜阑人静，营帐内，他解下刀弓，脱下甲胄，素衣而坐。此时，他才觉得有了几分自己。炉火上，温一壶酒，原本想与书卷同醉的，但却读不进那些文字。说好了一杯敬征途，敬这份磨砺，一杯敬自己，敬这份坚持，可酒一沾唇，手却一抖。更应该敬的，是故乡啊，是故乡里那份等待和温柔。一饮而尽，或是浅尝辄止，都一样，那些家中的往事，也就水一样漫来。有时候激昂一些，有时候柔缓一些，漫过他的身心，漫过了他的营帐，让他难以入眠。

营地帐篷里的灯火，次第而灭。纳兰不想在这种压抑中毁灭自己，他披衣走向了帐外。雪，还在下，暗暗的白，绵延四野。他无法看清远处，就像他看不清未来，近的，他也看不清，就像不知道再有几更，天才会亮。

人生，就是这样的长途加短途，一直在路上，真的没必要看清远方，看清也许更是一种悲哀，看不清也是一种惆怅，没有方向的远行，就是这样让人心思徘徊。纳兰容若不看仕途，不是他不在乎，是他看透了这个角落。他一生专注于情感，都说那是一种执迷不悟。一个翩然文字的词人，怎能离了一个情字。做一辈子的情中禅客，说一辈子的情中禅语，却看不透一个情字。本想放手，却又牵挂在胸前；想说放下，却又呵护在掌心。

禅是别人的禅，情是自己的情，让别人通透，让自己糊涂。即使是这样的天涯苦旅，也是他情的山重水复。这远方，让他想起身后远方的灯火阑珊。皇城里的妻子，是否睡在了她和他的梦里。他却不能入睡，因为在边塞的夜里，他还要留意皇帝帐篷外的，风吹草动。帝王睡了，他要醒着。帝王醒了，他要给他解梦。

> 别绪如丝梦不成，那堪孤枕梦边城。因听紫塞三更雨，却忆红楼半夜灯。
>
> 书郑重，恨分明，天将愁味酿多情。起来呵手封题处，偏到鸳鸯两字冰。
>
> ——《鹧鸪天》

相别时的点点滴滴，更漫过了边城的孤枕，雨雪潇潇，是否打湿了红楼失眠的灯盏？远方的浓愁更使人怀情于故乡。天愈加地冷了，炉火都是僵的，砚台里已经结了冰碴儿。夜很长，思念更长，呵一呵手，乘这点热气写下最后的落笔吧，偏偏触到鸳鸯两个字，心顿时冰一样凉了个透。笔僵了，手僵了，心僵了，僵了的，还有这边城的思念。

在纳兰容若的诗词里，少有对父母的念想。其实，纳兰不是不爱自己的这些亲人，父亲，也曾经是他心目中的英雄，不管是政治上，还是文化上，都曾让他钦佩。然而，他懂了世事，渐渐看透了父亲追名逐利的狡诈和贪婪。一颗冰清玉洁的心，哪肯再与世俗同流合污？

人生价值观的不同，尽管纳兰容若是一个难得的孝子，父亲明珠也很爱他，甚至有时很是放纵，但他们在对仕途的探究上，还是有很深的隔膜的。

相传纳兰容若有一个汉人朋友姜宸英，满腹才学，但因心性潇洒，每每参加科考，不是因醉酒误了考卷，就是与监考官因试题发生争执，于是屡试不中，也就浪迹民间，落魄街头。纳兰容若看在眼里，痛在心中。他本想求父亲帮忙引荐，好让姜宸英归于仕途。以纳兰明珠的地位和影响，这些事本就是轻而易举，更何况明珠也是一个非常致力于满汉文化融合的朝廷要员，可他明白，父亲绝对不会答应。看着姜宸英怀才不遇，纳兰只好让姜宸英求父亲的手下，一个叫安三的仆人。亲生儿子难以办成的事，一个奴仆竟然可以办得到，足见纳兰容若和父亲之间的一些疏离。

其实，那时的纳兰容若还不懂，那是父亲真心对他的爱。每有政治的纠葛，他都会让儿子远离。那种官场上的争斗，纳兰容若还不能承载。

家，让纳兰想念的，也就是卢氏那一缕温柔。

初到人世的哭声，或许注定了人的生命深处有太多的悲恸，这与生俱来的伤，永难治愈，稍有碰触就会反复。或许冬天出生的纳兰容若，这病症更深一些，间歇性地复发。童年的快乐和温暖，掩盖了症状。当表妹突然离去，表里寒气的内外夹攻，病症终于大爆发，让他疼痛难忍。他在病床上默默舐舐着自己，却不能让自己回归温暖。情的伤，要以情来疗治，妻子卢氏的到来，逼退纳兰容若的寒气，让他焕发了春天的生机，重归快乐。卢氏虽然是世间最佳的那味本草，但对于这不可根除的病，她也只能逼退在很深的角落。卢氏在，药就在，欢乐就在。相距越远，药效越浅。如此天涯孤旅，那药力本就难以企及，寂寞的侵袭，让他凝聚的内寒渐渐散开来，漫过边关的三更。

温柔离他太远太远，他伸向那深深的夜，也无法握到。冰凉的，是一朵又一朵雪花，从刮起的帐篷帘布下吹进来。纳兰容若没有动，他就这样疼痛着。他知道只有这远方的疼痛,才能更思念那花前月下的缠绵,才能更珍惜那"赌书泼茶"的温馨。

原以为可以让自己在远方更加坚韧,却不想更加脆弱。他扪心自问,曾经激情向远,原来是自己的不自量力。

这曾经期待的远方,终究不是想象中的样子。那句"却道天凉好个秋",哪比了这心寒在深冬。雪,似乎是更大了,连片的营帐无声无息。

> 塞鸿去矣,锦字何时寄。记得灯前佯忍泪,却问明朝行未。
> 别来几度如珪,飘零落叶成堆。一种晓寒浅梦,凄凉毕竟因谁。
> ——《清平乐》

塞上雁已经南飞,天更凉了,你如锦的家书何时能来?别问秋风中的残梦,是因谁黄叶飘飘。是你是你,是你呀。我知道,所有的出发都是错,怎舍得了那泪水涔涔的别离。

灯影摇曳,是心中的暖,也是这边塞的寒,更让纳兰想家了。

纳兰想念的,是红楼灯,别时泪,是那多情的锦字。可这一切,都被呼啸的塞外风遮蔽在了梦的那边。冰冷的文字,冰冷的情,纳兰容若在这猎猎西风中病倒了。表里寒气的折磨,让他憔悴不堪。

情,纳兰容若一生的毒,深入骨髓,深入膏肓,深入他的诗词,让他情病一生,毒寒一生。原本相遇了卢氏这最美的本草,他可以昂扬一生的。只是后来妻子的突然病逝,让他长途更向远,一辈子,都在苦寒的征途中,在劫难逃。

让后来的我们读他的文字,常常陷于凄艳中难以自拔,因为这毒正好与每一个我们心中的毒呼应。但因了人们这情毒深浅不一,所以面对纳兰,有哭,有伤,有叹息。

有人说,男不读纳兰。不是不能读,这一读的悲伤,会让我们心生无比的萎靡。人生,毕竟还是更需要振作的。读纳兰词,也就要待有一个红颜,为你疗伤。

纳兰容若是情毒,红颜知己是那味最美的本草。

珠帘四卷月当楼

　　旅途，是自我心性的放纵，可多美的旅途，总有疲惫，总要回归。

　　纳兰的远方，不管他愿不愿意，那也是他人生的旅途。可身不由己的出发，也就只能收敛了自我。别人的战马，别人的缰绳，别人的盔甲，别人的弓刀，更是别人的征途。一去遥远，唯有风雪在心，让他寂寥了整个的远方，让他相思了整个远方。他那本就忧伤的词里，又添了凄凉。

　　再远的远行，也要止于目的的尽头，春暖，就是边塞的尽头。渐融的溪水，唤醒了人们已经冻僵的乡情，该是班师回京的时候了。康熙手一挥，士兵们收起了所有的营帐。车马上，装上瘦了一冬的行囊，踏上归途。顶风冒雪的边关之行，终于在春暖花开的时候画上了句号。

　　此时，燕子正北上，在乍暖还寒的枝头，停停飞飞，飞飞停停，一路呢喃着。

　　纳兰容若的脚步，溯寒风而上，顺春水而下。恰于大雁们的行程相悖。是的，他本来就不是那寒来南去，暖来北行，寻访高枝的候鸟。他是人海里的一股逆流，金银里知清寒，笙歌里说惆怅，所以他是雁阵里落单的那一只，所以他是人群里孤独的那一个。一声嘲啾，一声凄迷，让庸俗的众人，听不懂他的心声。谁不说他应该承祖业，继父志，运筹帷幄朝纲，志存东西南北风流。他的一生，有父亲的护航，有才气的驾驭，将是沧海轻舟。可谁知，他与父亲纳兰明珠完全不同，毫无权贵之心，只是独自悲春伤秋，守一方精神的梵土。

　　一个如此清瘦的男人，他叫纳兰容若，更叫冬郎。

　　塞北边关，却是他的冻土。他把所有的坚强都付诸在路上，这天涯之地，再无力在康熙面前呈现那份虚伪的勇敢。他病倒了，在归途初起的路上。说是身寒，其实更是心寒，才华，让他在哪里都是一种孤独和寂寞，更何况人迹罕至的天涯边塞。

　　病榻上，他悲伤，这悲伤却不是顾影自怜，是家的念想，一种不由自主。原本富贵之家的他，是不该有这样幽然的情绪的。或许出生时的大雪，给予了他生命的底色。而他的成长之际，父亲纳兰明珠正是事业蒸蒸日上，专心朝廷，不敢有丝丝毫毫的怠慢。虽然他为纳兰容若请了最好的学业老师，也给了他龙凤美食和绸缎锦衣，但他没有将孩子最需要的精神导向呈现给他。而纳兰容若的母亲，许是因为父兄命丧于朝廷的刑律，那种怨恨又无处发泄，也就在胸中积蓄成了无形的戾气。怒对仆人，怒对纳兰明珠，也很难说对她自己的儿子，有怎样的温暖以待。

繁华深处的孤独，让纳兰容若，默默成长。好在表妹来了，成了他唯一的真正欢乐。十年的青梅竹马，他就是她，她就是他，是最幸福的相随。小小的这个她，就是纳兰的寄托，然而，风云突变，他的表妹被选作了秀女，成了康熙的后宫花。温暖不再，纳兰又归孤独。于是，寒气攻心，他也就有了十九岁的那场大病。

没有哪一个父母不挚爱自己的孩子，尽管平时纳兰明珠夫妇忽略了小容若，可这场重病还是让他们倾心倾力，遍请京城名医。名贵药材的调理，也只是纳兰容若的病情让小有好转，他们不得不用汉家传统的方式，匆匆为纳兰容若选了一个颜氏为妾，用来冲喜。宫灯红衣，还是没能让纳兰容若脸上有滋润的颜色。纳兰明珠，在这个喜事的忙碌中，又为纳兰容若挑选了正室，那就是两广总督卢兴祖的女儿——卢氏，再为儿子冲喜。大家闺秀，自是不同，琴棋书画的精通，让他和她相见恨晚，从此红楼缠绵，举案齐眉。

如此边塞之远，不见知冷知暖，很快让纳兰容若形销骨立。棉衣裹了再裹，也裹不住那种孤独。他想，皇城的他的那个她，一定也如他一样牵肠挂肚，相思成疾。两个人的孤独，才是最难将息的孤独。

病中情更幽，特别是在春乍来的时候，落笔就是叹息：

> 丝雨如尘云著水，嫣香碎拾吴宫。百花冷暖避东风。酷怜娇易散，燕子学偎红。
> 人说病宜随月减，恹恹却与春同。可能留蝶抱花丛。不成双梦影，翻笑杏梁空。

——《临江仙》

好在归期已至，他挣扎着，一步一步，向温暖靠近。谁知越靠近，孤独越是噬心蚀骨。纳兰容若，恨不得一拨鞭，就是万水千山，就是明府花园。

纳兰容若，痴情。可痴情的，又岂止是文人墨客。想那牛郎织女情动天地，让王母娘娘也不得不破了天条，允诺了他们一个七夕鹊桥。那许仙、白蛇，虽是人妖之恋，却是情满山河，好让人唏嘘。更有那梁山伯与祝英台，不畏权贵，无视贫富，向死而爱，化命成蝶。想那霸王项羽，楚汉之战惨败，遂自刎乌江，虞姬也自刎追随，而坐骑乌骓马，也跳江而死。大千世界，又有多少才子佳人，为爱抛弃富贵，亦有无数帝王，不爱江山爱美人，不惜葬送了万里社稷，只羡鸳鸯不羡仙。

千古岁月，沧海桑田，情是芸芸众生的至毒，做人，做鬼，做妖，做魔，痴心不改。有谁能真正青灯古佛，尘念如烟，了了一个"情"字？古刹禅林，也常常演绎一场情恨爱怨，让清净的庙堂，也红尘滚滚。

纳兰容若，这情中的痴客，让人们在他的文字里，一次次沦陷，成为多情男儿和痴心女子的灭顶之灾。他原本不想如此心事浓郁的，也想活得清淡，享受平常烟火。可命理深处的底寒，让他一病就是一场痴，一别就是一场伤。边关，让他深知了孤独，深懂了相思。可如此一别，却又心生不舍。那冰川雪峰，那壁垒关隘，都成了心中的依恋，还有戍边将士的眼神，让他心有愧怍。这样的回转，似乎是一种逃离和背叛。毕竟还有死去兵士的血液，将在这个春天里绽放成杜鹃，在这里春荣秋枯，永难回还。何以他们就该浴血疆场舍命天涯？何以他纳兰容若就该从容地来，从容地去，回归京城锦衣玉食的富贵？

也许，这样的别离，再也没有相见。也许，他该给自己一个无畏刀枪的机会，永远立身这吹角连营。纳兰容若，就在心事徘徊里，随着康熙的营队，迤逦而行，走在回京的路上。他再回首时，已经难以看到那些守关士兵的身影，只有那旌旗还在风中漫卷，不知是送别，还是挽留，可这样的飘荡，也意味着平安。不好捎风捎雨，纳兰就将这画影，当着一封家书，捎给他们后方的家人吧。

万里阴山万里沙，谁将绿鬓斗霜华。年来强半在天涯。

魂梦不离金屈戍，画图亲展玉鸦叉。生怜瘦减一分花。

——《浣溪沙》

说好了要写平安家书的，落笔却成边关的悲苦和相思，这样，是不好捎给谁的，也就留给自己吧，夹在书卷里。每每翻书，忆念一下边关，在温柔的城里，感恩一下那万里风沙的天涯。

从古到今，何不是黄沙漫漫的边关要塞，看守着万家灯火的安详。

跋山涉水的艰辛，实在难抵回家的欢欣。边关之行，让他恍然大悟，原来家才是最美的天堂。总以为只有妻子才是真的牵挂，其实那有些严肃的父亲，有些乖张的母亲，也顿生亲切。那亭台楼阁，那幽径篁竹，那水湄花影，甚至表妹曾经寄居的别院，也都一一温暖起来。说是寻一处清静无为，原不如世间烟火更美。纳兰不是不爱这尘世，他不爱的是富贵的油腻，权贵的狡诈。

归来，处处都是春光。边关的往返，让他对这个曾经厌倦的豪门，生出了许多的依恋。抛却征尘，安心于日出日落。和妻子共捧一卷书，在书房里翻读；给母亲捧一杯茶，品亲情的馨香至味；为父亲脱去朝服，温一壶酒，两人同醉。偶尔也对弈于厅堂，手谈黑白。胜一局，败一局，不论输赢，尽得天伦之趣。此时，纳兰容若忽然感觉，这个让朝野畏惧的老爷子，也有烛火一样的慈祥，和儿子对坐，纳兰明珠也得到了前所未有的安逸。原来这个看似放荡任性的孩子，也深深懂得了亲情的依偎。明珠曾经对纳兰容若失望过，可在这家族的对弈负多胜少里，深知儿子不是没有心机，他的心机总是那么干干净净，来自才华横溢的实力。堂堂正正地落子成杀，地地道道地布弈成阵，让人败得服气，输得明白。在那横扫千军的气势下，甘心俯首称臣。而他自己，心机里有太多褶皱，不由自主地就藏污纳垢了，只为利益，不论对错，只为生死，不问黑白。

纳兰明珠忽然很羡慕儿子，羡慕他这出水芙蓉的心性。他也想回到儿子这样的纯粹，可他在政局里走得太远太远，已经不可能回头。世事如棋，若一招手软，也许就是自己的万劫不复。纳兰明珠的指间，满是时光的尘灰，甚至是血腥。手中的子粒，已经看不出黑白，不管对手是谁，落子，只能是步步为赢。

纳兰明珠，输给了儿子，他输得有些唏嘘，原本是想让纳兰容若跟随自己的脚步，在仕途中争斗的，可他又输得高兴，也许儿子秋水长天的本心，更能回归围棋 361 度的方圆，清谈岁月年华，而不是像他一样豪赌一场人生厮杀。胜者生，看似荣耀，又何不是身心疲惫，一身冷汗；败者死，那些侥幸的，怕也只能亡命天涯，回归的机会微乎其微。

更让纳兰明珠深有惧怕的是，对弈的一对臣子，看似胜负已定，可皇帝的大手一挥，又乱了棋局。更常有的是黑白颠倒，胜者死，败者生。自己的一场生死之局，总是逃不过帝王的翻手为云，覆手为雨。胜是帝王的胜，败是臣子的败，自己本就决定不了自己的黑白。他也试着逃离，可命运，已经不给他脱身的机会。

纳兰明珠毕竟在政途上浸泅日久，他总是小心翼翼，斟酌了又斟酌，弄懂了皇上的意图才迅速出手，以自己的子，布下帝王的招。不管是议撤三藩、收复台湾，还是抵御沙俄，他都旗帜鲜明地站在康熙一边，成了人生的赢家。只是年迈的后来，或许正是爱子纳兰容若的去世，才让纳兰明珠一时方寸大乱，连出昏招，终于沦为康熙的废子，被抛弃一边，慢慢淹没在尘埃里，被人们遗忘。一代明相，也黯然失色。

车马重臣，沦为死囚都屡见不鲜，纳兰明珠能全身而退，保住性命就很不错了。后来，同为大清一代权臣的和珅，最后不也只落得一抹白绫了却性命吗？！乾隆手中的掌心爱，竟然成了嘉庆的白绫杀，着实让人感叹伴君如伴虎的世事无常。据说纳兰明珠的官邸，正是被和珅霸为己有，一样的辉煌，几乎一样潦草悲凉的结局，很值得玩味。和珅被赐死后，宅邸几易其手，到了摄政王载沣手里，宣统皇帝溥仪在此出生，见证了清王朝最后的落寞，又周折处处，最后归于一个市井平民。巍峨的豪宅，总是难得安宁，不过，再后来，这院落的一部分好似成了宋庆龄女士清居的宅院。她，为国家鞠躬尽瘁一生，也就成了永载史册的巾帼英杰。如此看来，善良处世，终还是能被世界善良以待。什么风水的迷局，也只是民间无厘头的闲谈。

纳兰容若的归来，几乎也唤醒了父亲明珠的归来，也给这个家，带来了一缕清风，一轮明月，更带回了别样的他自己。别离，让他懂了爱家、爱人、爱自己。他更爱的，当然还是与卢氏的相依，有月无月的夜，他都与妻子漫步庭院。他的上阕，她的下阕，同吟一首词；他的高山，她的流水，共唱一首曲。夜稍深，凉初起，他便与妻相携归去卧房，红烛朦胧，绫帐迷离，呼吸着彼此的呼吸。不说天长地久，只说岁岁相伴。搂着妻子的腰身，他忽然就吟出了："樱桃樊素口，杨柳小蛮腰"。他说，她就是他的樊素，她就是他的小蛮。一生，最美的爱，一生最美的暖。

山一程，水一程，唯她是最美的遇见；风一更，雪一更，唯她是生死不舍。遇见，却要别，不舍，总是舍。人总说世间不尽的是悲欢离合，却为何欢太少，悲总多；合太短，离却长？

纳兰容若情天恨海，一阕阕写不尽心中凄艳。好在有这段归来的亲情、爱情相拥，才有了他一生最温暖的篇章，短暂的馨香烟火。

的确，太多的悲离，让我们盼望治愈的文字暖心，可那些没有根的文章，总似过眼云烟，入不了内里，于是人们还是去爱了纳兰容若，那些词句，不疗伤，让人伤；不解愁，使人愁。三百年风云够寥远了，人们却还恋恋不舍。唯那，一个真字，如针，入心。

情在，真就在。

一行白雁遥天幕

人，在一天天的成长中，渐渐睿智，那些走过离乱的人，才会明白安稳时光的不易，才会有了珍惜。就像纳兰容若，经历了边关，才认知了他的皇城，认知了他的家。

任山河万里，也只有方寸之家是你唯一宽容的自在之所。那些朋友的好，那些草木的媚，都是有限的。纵情四野，未必就是英雄，痴守家园，却总能得到贴身的温馨。

纳兰容若，是有机会，也有才能策马江湖的，可他最美的遇见，却都在家中。惠儿，快乐了他纯真的童年；卢氏，温暖了他阴霾的少年，即使后来与沈宛的江南邂逅，也不过是这两段真情的余温，美是美的，却还是少了心灵的惊艳。不正是对旧情的追怀，才让纳兰容若有将沈宛收于家中的念想吗？

家，才是归于精神本真的那方田园，与大小无关，与贫富无关。有家，心才安。对家的追随，是人心底最深处无限的本能，那些逝者必要归葬于故里，那些埋骨他乡的人，他们竟然是头颅朝向家的方向。这些遗愿，更是心愿，因为只有家，才能让他们将灵魂安放。不惊不扰，可待来生。

家门之外，就是漂泊。

也许是因了远行塞外的苦功，也许是因了寒疾又起，康熙给了纳兰一段休息的时间。正好，纳兰容若可以好好亲近一下自己的家，亲近这难得的光阴。其实，除了与家人的温暖相处，他也常常招来朋友，于渌水亭中唱和雅聚。真情的纳兰，总认为相遇就是缘分，朋友也是亲人。

渌水亭，近水而立，四望风光妖娆，并且有长廊相连，可清坐泼墨作画，可徜徉摇扇吟诗，可小聚把酒言欢。他在《渌水亭宴集诗序》中，这样描绘渌水亭及周边的景色：

> 予家象近魁三，天临尺五。墙依绣堞，云影周遭；门俯银塘，
> 烟波混漾。蛟潭雾尽，晴分太液池光；鹤渚秋清，翠写景山峰色。

云兴霞蔚，芙蓉映碧叶田田；雁宿凫栖，秔稻动香风冉冉。设有乘槎使至，还同河汉之皋；傥闻鼓枻歌来，便是沧浪之澳。若使坐对庭前渌水，俱生泛宅之思；闲观槛外清涟，自动浮家之想。

如此世外仙境，却又有家园情思，为人所流连忘返自在情理之中。不过这亭，后在嘉庆年间，恭亲王为媚皇恩，改为恩波亭，将活色生仙的一派斯文，生生篡改成了阿谀奉承的庸俗之地，真是让人叹息。

一个朝代的没落，似乎也总是伴随着文化的没落。

纳兰容若，不仅在渌水亭写一些水荷般的纯粹真情的文字，而且在这里结交的，也多是水荷一样的文人雅士。

朱彝尊，浙江秀水人，如此水湄桥边的文士，自是清雅一流。他，号竹垞，另号醧舫，晚号小长芦钓鱼师，又号金风亭长。有酒有友的画舫，依水而行，不为垂钓，只为休息光阴，也为追逐那长亭中的缕缕金风。且不说词风，就看他这雅号，当然就是纳兰容若的渌水亭中客。更何况他的《词综》选本，深为爱词之人称道。

陈维崧，字其年。虽是江南秀士，却有峻岭劲松之志，虽然少年就已经名满四方，并结交各地名流。被人称为"江左凤凰"的他，却失意于官场，也只能身世飘零。寄读于友人水绘庵，发奋学习，著书《湖海楼全集》。这般水波盈盈的心性，果然也应了纳兰容若的渌水亭之爱。

说到陈维崧，不得不说徐紫云，两个男人之间的情意缠绵之爱，曾为无数文人雅士倾倒。文载，时梅花正开，两人一见如故，陈维崧虽有家室儿女，却天天"携紫徘徊于暗香疏影中"，从此形影不离。后紫云年长婚嫁，陈维崧真情不舍，写下了百年断袖名词《贺新郎》：

小酌茶蘼酿。喜今朝，钗光鬓影，灯前滉漾。隔着屏风喧笑语，报到雀翘初上。又把檀奴偷相。扑朔雌雄浑不辨，但临风私取春弓量。送尔去，揭鸳帐。

六年孤馆相偎傍。最难忘，红萸枕畔，泪花轻飏。了尔一生花烛事，宛转妯随夫唱。只我罗衾寒似铁，拥桃笙难得纱窗亮。努力做，橐砧模样。休为我，再惆怅。

纳兰容若，不以同性之癖厌弃，深交的，是那份真情若水。康熙十七年（1678），陈维崧入京，京城三十余文人墨客在他的画像上题咏。纳兰容若也挥笔填词：

> 乌丝曲倩红儿谱，萧然半壁惊秋雨。曲罢鬓鬟偏，风姿真可怜。
> 须髯浑似戟，时作簪花剧。背立讶卿卿，知卿无那情。
> ——《菩萨蛮·为陈其年题照》

词句虽然有打趣陈维崧断袖之爱，但更赞其貌有山岩，心藏柔波，敢爱敢恨的真情胆魄，更佩服其才情气概。

如此陈维崧，不为世人唾弃，似乎与当时清代官场，有好"男风"的陋习有关。相传乾隆尤好俊秀男子。对于号为"满洲第一俊男"的和坤，一生宠信，百般纵容，隐隐约约似也有此嫌疑。

顾贞观，出生于无锡，又是一个江南才子，但郁郁不得志，自称"第一飘零词客"。后与纳兰容若相识，两个心有飘零的人，成为情感笃深的挚友，其清寒的日子渐生暖气。纳兰容若病逝之后，顾贞观悲痛不已，遂退归水乡故里，筑"积书岩"书屋。从此"飘零"的性情大变，日夜读书，心如止水。由此可感知，他与纳兰容若的山水情深。

纳兰容若痴心于渌水亭，一生都倾情左右，在这里还结交了严绳孙、姜宸英等众多明末清初的一大批文化人士，虽然多是身世清寒，但学识都冠绝一方。这些南方云水间的诸多朋友的结交，让纳兰容若情心更婉约，词风向江南。渌水亭之雅会，也一时声动天下，难有出其右者，成为文人骚客倾心向往的地方。

此时，也是纳兰容若和父亲纳兰明珠关系最融洽的时候。这些才学寒士，也都在纳兰明珠的引荐之下，归于朝廷，多得仕途之用。在满汉融合上，纳兰明珠可以说做出了卓然不俗的贡献。其在对待汉族文人态度上，和儿子纳兰容若，保持了很一致的契合度。只是后来，纳兰明珠的政治戾气渐重，纳兰容若的离世词气更浓，两人才在这方面，渐生嫌隙。特别是在政治的探讨上，已经没有了共同的话题，甚至达到了不可调和的境地。儿子的欢，必是父亲的恼。后来，在推荐姜宸英的问题上，表现得最为突出。

还好，有这段温馨的时光，应该是纳兰明珠一生的不悔，也应该是纳兰容若一生的不悔。曾经的，和今后的，都缺少父子静心对弈的那时的美好，胜，是父子共赢的开心；败，也是父子同乐的品味。

这里，有他们父子最美的天伦乐趣，必会深藏在两人的心中。只是纳兰容若还没来得及回味，还没懂得回味，就断了红尘的呼吸。只留下纳兰明珠独自驻足渌水亭，沉思和儿子短暂的父子同心。再后来他被康熙驱离此地，也总在一堵老旧的院墙下，握一粒不黑不白的黄土块，想着和儿子曾经的一局棋。

黄，是沧桑，是破败，青砖黛瓦已成往事。他还在，但儿子已经不在棋局的对面。他赢了，他赢了时间，却输了世界。儿子输了，输了时间，却赢了世界。谁，比谁更长寿？

世间的你我，谁不是棋局中的一颗子，不论黑白，终会沦为一粒泥土，一拈成尘，随风而去，无问无答。

人生，就是这样的一次行走，可以遇见让你伤心的人，也可以遇见让你狂欢的人，其实，那个让你静下心来的人，才是你的真爱。伤心，是因为失去；狂欢，是因为惊艳；当你心无旁骛，安心人间烟火的时候，是因为有了那个他，或她。

卢氏，让纳兰容若守一颗静心，每有闲暇，两人就寄情于湖间水湄，忘情于柳荫竹影，徘徊于花前月下，徜徉于曲径长廊，抒怀于画屏书卷。感觉每一寸彼此光阴的错过，都是遗憾。只恨这样的相随，不是曾经，不是永远。所有的浪漫，只为补偿前生没有相遇，所有的缠绵，只为填补来世可能的擦肩而过。

"读书消得泼茶香"，这是南宋以来，多少文人墨客痴念的夫妻时光。上天有爱，给了李清照十年这样的青州岁月。悠悠元明两朝，近四百年的风雨，还有谁有这样的福气？词，为情而生。这两个朝代，诗词沦陷，这期间的男女，错过这样的浪漫也在情理之中。纳兰容若来了，这"清初第一词人"，理应享受那样的美好时光。只是他和卢氏也不过相伴三年，又加上纳兰时常忙于朝廷的差遣，在一起的温暖日子实在少之又少。不过，也正是这种短暂，让纳兰容若在余生里怀念了又怀念，成就了他的悲伤，也成就了五十余首悼词的经典。

这悲伤，也就成了人们心中两种意味的感叹。

幸福的时光总是那么匆忙，正在纳兰容若与友同乐、与亲同欢的时候，渌水亭边传来了皇帝的圣旨。他又将远行了，这次，不再是随驾巡视，而将是随军远征。那里，有寒风的源头。

许是康熙在对纳兰容若频繁的接触中，感觉他是一个人才，不仅武功非凡，而且文化水准更出类拔萃。从清人入关设置科举，到1905年取消，考中进士的满族人屈指可数，相传竟然不足十人。清初的这时，过了殿设大考的也就三两人而已吧。试想这样的纳兰容若，着实不应该屈身于皇家仪仗的底层。康熙，给了纳兰容若一个建功立业的机会，来磨砺他的文韬武略。

此时的纳兰容若，已经懂了边关战火与家园烟火的相杀相生。他，没有丝毫的犹豫和哀怨，毅然决然地真正穿上了戎装。临别，他虽然还是万般不舍，但还是将微笑留给每一个亲朋好友。最后，他将拥抱留给自己的妻子，有抚慰，更有承诺。卢氏怀孕了，别离，实在是一种遗憾，可他还是很坚实地许诺，风止雪静时，一定给新生的儿子，一个硝烟中胜利归来的父亲。

征途，是寂寞的，虽然深知家与国的存亡攸关，多情的纳兰在面对远行的时候，还是写下凉风着色的文字。

> 握手西风泪不干，年来多在别离间。遥知独听灯前雨，转忆同看雪后山。
>
> 凭寄语，劝加餐，桂花时节约重还。分明小像沉香缕，一片伤心欲画难。
>
> ——《于中好》

此次出征，才真正应得了那句，"万里赴戎机"的千古壮语。纳兰容若有几分骄傲，也有几分忐忑。

长途漫漫，前程未卜，终究是，豪言好说，伤心难画。出发前的激情是多么高涨，当真正面对雄关险隘，总还是会生出别样的感慨。这里，毕竟太凄凉，太悲壮了。

试望阴山，黯然销魂，无言徘徊。见青峰几簇，去天才尺；黄沙一片，匝地无埃。碎叶城荒，拂云堆远，雕外寒烟惨不开。踟蹰久，忽冰崖转石，万壑惊雷。

穷边自足秋怀，又何必、平生多恨哉。只凄凉绝塞，峨眉遗冢；梢沉腐草，骏骨空台。北转河流，南横斗柄，略点微霜鬓早衰。君不信，向西风回首，百事堪哀。

——《沁园春》

冰崖雪峰，寒烟荒城。这边塞，多少白骨埋黄沙，也有几多女儿，和亲远方，野草漫青冢。纳兰容若感慨万千，他并不是为自己感慨，他感慨在猎猎西风里的身影和英魂。并不是所有的壮士都能得到瞻仰，并不是所有的英雄都能得到歌颂。边关的朝霞和夕阳，那得要多少将士的热血才能染红？战报的功绩簿上，不过是寥寥几人，更多的英魂都成了漫卷的寒风，在历史的硝烟里，无影无踪，让千家万户的怀念无着无落。

纳兰容若，一生至情，一世风雅，可他也曾数次随军边关，留下了自己热血沸腾铿锵有力的身影，也可说无愧无悔

据载，康熙二十一年（1682），康熙曾经派遣一百八十人的精锐战队，以"猎户"的身份沿黑龙江一路北上，探视沙俄阵营，摸索水陆通道，为日后再退侵略的敌人，立下了头功。

那时，纳兰容若，就在这支秘密侦查的队伍中。

果然，在日后的"雅克萨之战"反击战中，清军一举获胜，迫使沙俄签订了《尼布楚条约》，阻止了其入侵的野心。

琴心剑胆的纳兰容若，也曾是一个刀马向西风的军人，但他的词才

太过惊人了，那些战旗下的功绩，被丛丛复丛丛的不世柔情遮挡住了，也就成了人们的遗忘和忽略。

战争，毕竟是残酷的，血腥的，读来，总是少些心灵的舒畅。纳兰容若很少和朋友们提起，也只是在诗词里一笔带过，不成主流。

披坚执锐是纳兰容若的正差，至少，他是那佩刀的主人，却就这样被他舞文弄墨的闲情，濡染成了别样的一世风流。

第四章

断梦几能留

一宵冷雨葬名花

曾经说好的幸福，转眼是花叶凋零；曾经说好的同行，刹那是断崖深谷。

为什么命运总是为难真爱，徒让多情人痴心哭成沧海。

世事无奈更无常。

其实，每一个的我们，都有那份痴念，只是寻寻觅觅成了枉然，才多了苟且，才强说平淡。一围篱笆，两扇柴门，素衣素手，日出日落，享平常烟火。还好，那些爱过，可以有一个心碎的怀念，浮浮沉沉、痛痛欢欢，不枉心动。最是悲凉，那些开始就是终结，情在懵懂，就没了着落，说不分明从前、现在、将来，无花无果无余味，索然平生。

善待所有的遇见，珍重每一次回眸，才无悔。

女儿情，男儿志，切莫等闲。

的确，男子谁不曾有鸿鹄远天的雄心，乘长风，驾层云，直击万里鹏程，快意春秋。谁愿意做燕雀叽喳，低语屋檐，泥草一生。所谓的甘心平凡，心如止水，也不过是耐不住岁月的磨砺，光阴的销蚀，时运的无奈，从此默默无语，归入默默无闻。

少年纳兰容若，也曾意气风发，虽然在父亲的影响下，倾情儒家文化，但满人尚武的族风，总是激荡着他的热血，刀弓之技不曾放下，时常纵马山野，以期有报国之时，金戈铁马战九州。可中得进士之后，不得朝廷的文武召唤，迟迟而来的，是皇帝侍卫的差职。虽然也曾多次临风边塞，却总难有弓离弦、剑出鞘的真正拼杀，更多的时候，只是困于仪仗式的虚张声势。既然，武难有将士之征战，那就求，文中谋天下。纳兰容若也曾想入职馆阁，博览群书，汇编古今，成为一代大儒。

的确，纳兰容若抱负冲天，自幼勤奋好学，"通经文、工书法、擅丹青、精骑射"。即使高中进士，依然秉烛苦读。在恩师徐乾学的协助下，短短两年就完成了一千八百卷的儒学汇编——《通志堂经解》，继而又将涉及历史、地理、天文、佛学、音乐、文学等的见闻感悟，整理成四卷本的《渌水亭杂识》，而《侧帽集》的成书、《饮水词》的结集，更显示了他不世的才华。人都说，那时的清朝，是两个人的清朝，一个是天之骄子康熙，一个是词中情痴纳兰容若。两个同龄的少年，同样的翩翩公子，一样的玉树临风。在康熙面前，除了权势，纳兰容若真的没有丝毫失色的地方。甚至那些豪门大家的小姐，深知皇宫的寂寞，更倾情于纳兰。

一个皇帝，怎能容得了"举世有双"？

聪明绝代的康熙，难道真不知道纳兰的所想所愿？可一直没有给他或武或文的机会。以文武都爱的理由，收拢在身边，让纳兰容若的青春激情，一点一点黯然下来，只有以词解千愁。

这里，是不是有点康熙的故意，有点康熙的嫉妒？

同样是皇帝的侍卫，纳兰容若的父亲，二十出头就升为了内务府郎中，二十九岁就是内务府总管了，然后步步荣升，成为赫赫有名的明相。再有后来的和珅，也是以三等侍卫起步于仕途，二十五岁就被授予户部侍郎，军机大臣上行走，三十岁已经是户部尚书，议政王大臣上行走。纳兰容若的才智，是不低于这两位清朝权臣的，可他又得到了什么呢？当然，事情并不能以此类比，但他到去世时的三十岁，和他同科的仕子，或文或武，都已权持一方了，他，依然还是皇帝身前的一名侍卫，实在有点让人看不懂了。

再者，从纳兰容若的惠儿，到康熙的惠妃，如果还有说不清的烟雨牵强，那么后来康熙也小有纠葛于纳兰容若和沈宛之中，这，让人如何不怀疑这位少年天子的胸怀。

"家家争唱饮水词"的声名，也许让康熙钦佩中有了别样的滋味。这也许是纳兰明珠一直没敢举荐自己儿子的芥蒂。纳兰明珠懂儿子，纳兰明珠也懂皇帝。

也许正是才华，断了纳兰容若的仕途，为此让他的情淤积成致命的顽疾

康熙是一代明主，号为"千古一帝"，可哪一个皇帝，是真正光明磊落的王者？他们在权力巅峰，鄙视天下，他们在宫廷前前后后的厮杀

里，更明白私我。

对于康熙，纳兰有更多的敬佩，一个少年，运筹帷幄山河，那是需要怎样经天纬地的不世之才？纳兰也同样是热血少年啊，在他一生苟且的职责之外，不得不往另一个方向想想身边的帝王心。也许只是瞬间，可瞬间的念头，已经足够创伤他本就脆弱的心。

纳兰容若曾经寄希望于这次远征，也许在刀光剑影里，能杀出人生坦途，哪怕血染沙场，也不想躬身屈心地活着。然而，这看似是一个机会，却丝毫没有可能。他，并不是队伍的统领。那些倒下的勇士得到了什么呢？也不过仅仅就是马革裹尸的安慰，而荣耀加身的，都是那些将领。一将成名万骨枯，任历史的硝烟千万次翻卷，也改变不了这铁血的主题。

纳兰容若，真的没有机会。

当所有的机会都已经不可能，也许就有了淡然。既然不能做一个捍卫江山的英雄，那还不如释然地转身，回归相思的家园：

边朋无端照别离，故园何处寄相思。

西风不解征人语，一夕萧萧满大旗。

——《七绝·记征人语》

西风乍起峭寒生，惊雁避移营。千里暮云平，休回首、长亭短亭。

无穷山色，无边往事，一例冷清清。试倩玉箫声，唤千古、英雄梦醒。

——《太常引·自题小照》

有相思，就忽略了战火，有归心，总记起承诺。说好了要给孩子一个安然归来的父亲的，他早已悄悄将诺言包裹在归程中。

少年，总是对自己有太多苛求，磨砺中却将梦想一步步退守。做一个携妻抱子的烟火男子何尝不好，在悠闲里，听自己幸福的心跳。纳兰容若比奔赴一场花间的约会还激动，策马飞驰在返回的路上。他，怎么可以缺席孩子出生的盛宴，他要聆听那最美的哭声。

康熙十六年（1677），是纳兰生命里一个转折，是他情感诗词的转调。

纳兰容若回来的正是时候，卢氏，就要生了。纳兰虽然不是第一次做父亲，早在两年前，他的妾室颜氏，就给他生下了长子富格，可这次，他却更加激动，毕竟这是他和最爱的人的骨血。然而，这场欢喜，却成了又惊又喜。因为难产，卢氏死去活来，纳兰明珠请来了京城最好的医官，竟然也束手无策。医官摇头说，最好的结果，那就是一个生，一个死。

纳兰不敢相信这一切，日夜守护在床边，看着妻子苍白的脸色，微弱的呼吸，紧紧握住她的手，他怕一松，两人就会是天上人间。好在卢氏经历了三天三夜的折磨，终于生下孩子。

听着那响亮的哭声，卢氏的满是汗水的脸上，泛起了一丝微笑。纳兰扑过来，在她的耳边轻轻低语：咱们有儿子了，依你，就取那海亮的名字，汉家风俗的味道。

卢氏再次笑了笑，以她的温柔，只是她心里有些凄苦。她，真的相信了宿命。曾经，母亲和她在寺庙中祈愿，那里的高僧看了她，既点头，又摇头，那僧人说她既得富贵，又得真情。为爱，却有以命换命的劫。卢氏嫁入纳兰府中，果然得到天下至情的男子，可她心里也一直忐忑着，那僧人的话，一直在她心头闪烁着。她既渴望着能为爱的人早点生下儿子，又担心那小生命的早早到来，让她失去这份天下无双的爱情。两年，卢氏心有纠结。当孩子真正来到的时候，她倒释然了，一个女子，能得纳兰容若一天的恩爱，就该是难得的惊喜。三年，她已经足够幸福。这一辈子，她和她的他，就是一阕完美的词。

的确，她和纳兰容若，是一阕完美的词，只是完美得太过凄婉。上阕还好，只是太短太短的欢，下阕太悲，是长长的，阴阳相隔的思念。

产后的卢氏，一直没有恢复少妇的鲜活。卢氏，还曾经渴望着那只是僧人的诳语，奄奄一息的她，终于知道这是逃不过的劫。一死，换一生，这已经足够了，毕竟还有儿子，替她继续承受纳兰的爱。儿子，是她的生。她相信纳兰，会像爱她一样爱自己的儿子，爱他们的海亮。

卢氏，强打着精神，抱抱儿子，摸摸丈夫，用最后的一点力气，依依不舍地告别。

纳兰容若从医官无奈的眼神里，看懂了一切，可他依然相信会有奇迹，相信爱情会感动死神。海亮出生的第三天，他邀请了亲朋好友，期待用这热闹的喜气，驱散污晦，为爱的人布洒春风。

苦难的时候，人们常常将命运交给祈祷，可祈祷何尝改变了悲伤和无奈？半月之后，卢氏那美丽的眼神渐渐黯淡，一缕香魂直去忘川。花事零落，再开，已在彼岸。那一刻，她依然面带微笑。她不想给那个不负情的男子，留下悲伤。

同一群亲朋好友，再聚纳兰府，却是另一种方式和心情。庆生的欢，歌舞映红烛；悼死的悲，哭声染素衣。一送一迎，却是人间天上。

纳兰容若不敢相信这是事实，他守在妻子的灵床前，不悲不喜，不食不眠，只盼她的归来。

不！不！不！她只是昨夜不敢半杯酒的戏闹，才这样多睡一会儿。待太阳高些，再高些，她就会醒来，会揉着眼儿嗔怪，怎不让她以茶代酒。

海亮在那边哭了，她还没醒来。许是初为人母的她，还没有调整好做母亲的这份慈祥，只顾得在疲惫里，发一发懒，等她的纳兰将她轻轻摇醒，同去饮一杯晨露。

说好的相伴百年，她怎肯独自离去？三年，实在太短太短，短得就是烟花的刹那。刹那之后，却是云冷夜寒。没有月亮可以填词，没有星星可来谱曲，只有不成腔调的呜咽，荒风野草。

青衫湿遍，凭伊慰我，忍便相忘。半月前头扶病，剪刀声、犹在银釭。忆生来、小胆怯空房。到而今，独伴梨花影，冷冥冥、尽意凄凉。愿指魂兮识路，教寻梦也回廊。

咫尺玉钩斜路，一般消受，蔓草残阳。判把长眠滴醒，和清泪、搅入椒浆。怕幽泉、还为我神伤。道书生薄命宜将息，再休耽、怨粉愁香。料得重圆密誓，难禁寸裂柔肠。

——《青衫湿遍·悼亡》

青青奈何桥，她西，他东，五级台阶，咫尺却是天涯。任纳兰容若如何召唤，他的她，也难梦回长廊花下。独卧蔓草，独对残阳，洒尽情泪不为祭奠，只为唤爱的人归来。那黄泉路上太凄冷，太幽暗，胆小的你，该是怎样的慌张无助。回来吧，别让爱你的人独自柔肠寸断。

卢氏，一生有爱，梦里的欢颜，从不伤春悲秋。她不是黛玉，唱那"侬今葬花人笑痴，他年葬侬知是谁？"更可叹，她红颜未老，却是这样花落人亡两不知。温柔，命运却不以温柔相待，实在是让人悲叹。

卢氏无福于红尘，纳兰容若无福于红颜，谁命苦，谁无福，谁是谁的悲？

她，是纳兰容若人生的巅峰，如此花落奈何桥，生死一别，他的命里，黄叶渐凋零，再无欢。把酒，酒是愁；凭栏，栏满霜；依亭，亭在风。她的命，已经是他墨里的胆汁，冷烛霜笺，写半生的苦寒。

世间无她，爱，再无双。

人说千年的回眸，换一生的相约，可他和她，却只是一千天的相守。既然前生的情，还不够结百年的缘，那就再等千年，约一个完美的来生。什么忘川水，什么奈何桥，什么孟婆汤，真情在，花就不开彼岸。要不然，这世间会有这么多的花叶同生？

心守三生石，真情，永不入迷途。

"慧极必伤，情深不寿"。纳兰容若，注定一生的悲凉，要不，他那么多的情，何以为寄？寄给青梅吧，青梅已在高墙深院；寄给真爱吧，真爱却成梦里落花；寄给江南吧，江南也是水烟迷离；寄给壮志吧，壮志更是无着无落。爱情蹉跎，仕途迷茫，不得舒展的人生。最悲的情，是轻舟无岸，无桨也无橹，只有飘摇。

欢，太过浮浅，是不能倾情的地方。他悲，他苦，他痛，他伤，他忧，他愁，情都在凄凉里。纳兰容若，一生惆怅，就是把情，还给他的命。情，是他一生的债。

何事秋风悲画扇

　　每个人，来路，即是归途。生老病死，是无法逃避的常态。可面对那些悲伤，谁又能够从容自若？最是那刹那，最是那突然，让人猝不及防。爱，已是生死两茫茫。

　　生离，还有归期；死别，再无相逢。怎不让人长歌当哭？风，吹过每一个窗前，都是听断肠的呜咽，耳畔葬花。"未若锦囊收艳骨，一抔净土掩风流"。

　　三年，本就是岁月的须臾之间。再加上纳兰常常在皇帝的差使中忙前忙后，他和卢氏的相聚实在是少之又少。好在相逢就是温暖，于是，有了那些琐碎却又体贴的回忆。

　　"读书消得泼茶香。当时只道是寻常。"了了的词句，忆暖说寒，以寻常表深情。秋风落叶的伤感扑面而来，入骨入心。尤其是后一句，以寻常之语，说出了非常之爱。曾经有评论家叹道："将人间多少错失的美好和遗憾一语道尽，充满了欲言又止，欲说还休的美感。"

　　原本以为长久享受这种暖，就是岁月平常。纳兰容若，真的没有想到分别，这一别，竟是死别，太过突然。他还没有想好用哪种方式，好好爱自己爱的人，就已经没有机会了。

　　在爱情面前，男子总是享受他王者般的荣耀，而女子却总是奉献臣子般的辛苦。真情如纳兰容若，也往往无意间忽略了那份温柔。当懂了的时候，才知道自己奉献得太少太少。

　　女子，总是爱情中的悲伤，更深的，是让人泣不成声的悲剧。

　　唐朝的那年，薛涛和元稹想遇，她以为这个为亡妻曾经写下"曾经沧海难为水，除去乌山不是云"的大才子，定是一个真情的男人。所以也就以飞蛾扑火的决绝与真心，奔赴了这场爱情。也曾缠绵相依，也曾诺言似锦，谁知，一转身，元稹打马回京城，虽然带走了薛涛的一首首诗篇，他却一路抛洒，如拍打身上的尘土，了断了一场缘。

　　诗与诗的优雅相遇，却以深情与薄幸的俗念分别。

薛涛多年的痴情换来的是杳如黄鹤，终于看清了那个男人的嘴脸。

> 二月杨花轻复微，春风摇荡惹人衣。
> 他家本是无情物，一任南飞又北飞。
>
> ——《柳絮诗》

元稹骗情于崔莺莺，薄情于薛涛，霸情于刘采春，一生风流万里，绝无长情，着实让人不齿。

有人说，正是这段情的黯然落幕，才让薛涛归于宁静的时光。任浣花溪畔车来马往，她已经人如落花，可为风动形，再无情动心。其实，与其说，"薛涛笺"是一纸的安然，还不如说是疼到麻木的一种寂寞。五彩的底色上，写下"谁言千里自今夕，离梦杳如关塞长"。"知君未转秦关骑，月照千门掩袖啼"的叹息，那是怎样的心痛？

薛涛和元稹，这样的生离，似乎比死别更远。

那是唐朝的又一年，风流满扬州的杜牧，在那烟雨的花溪，相遇一个荷样的少女。"有美一人，清扬婉兮。邂逅，适我愿兮……有美一人，婉如清扬。邂逅，与子偕臧。"风尘里翻江倒海的这位大诗人，为这份清新动情。然而，少女的母亲，以女儿年幼为借口拒绝之后，杜牧发出了"我愿十年后来娶"的誓言。

爱中风流，有多少相忘于江湖。如此一别，且算是花径走马，两相释然也不错。却哪知，诗人的舌上风，却成了少女的心上痴。十年如一，痴痴复痴痴，舒展花枝，只待郎来娶。

初别之时，这位杜大诗人，也曾难忘这段扬州邂逅，在他几年后赴任洛阳的时候，忆起扬州这段，还含情脉脉地写下了《赠别》：

> 娉娉袅袅十三余，豆蔻梢头二月初。
> 春风十里扬州路，卷上珠帘总不如。
> 多情却似总无情，唯觉樽前笑不成。
> 蜡烛有心还惜别，替人垂泪到天明。

杜牧对扬州的自己，还曾写过这样的诗句："十年一觉扬州梦，赢得青楼薄幸名。"多情的杜牧，满城的花季，却为这十三岁的少女多有留恋，还真是不错。不过，一程山水一程远，一岁光阴一岁冰。时光荏苒，他还是忘了桥畔的那枝红豆。

十年的花季志忑，十年的春心如许，痴情终于归于惘然。那一夜，红烛垂泪，只有她自己知道，是为谁？

扬州再回，已经是迟了四年，更不是为爱而来。柳烟深巷，蓦然想起曾经的那个她。青涩的少女，已经嫁为人妇。心事相望两狼藉，杜牧空对花枝，不觉生叹：

> 自恨寻芳到已迟，往年曾见未开时。
> 如今风摆花狼藉，绿叶成荫子满枝。

恨光阴的人，更应该恨的是自己。不要因为年轻就轻易说出承诺，你还担不起那份长情。杜牧的感叹，有多少自恨，又有多少薄幸呢？误了，总是负了。所有的借口，也只是为薄情开脱。

岁月烟尘里，有多少这样的痴情女子负情郎？还好，还是有黛玉宝玉在曹雪芹的笔墨里，两两相遇，只是，虽有痴情，却还是误了花期。

> 一个是阆苑仙葩，一个是美玉无瑕。
> 若说没奇缘，今生偏又遇着他；
> 若说有奇缘，如何心事终虚化？
> 一个枉自嗟叹，一个空劳牵挂。
> 一个是水中月，一个是镜中花。
> 想眼中能有多少泪珠儿，怎禁得秋流到冬尽，春流到夏！

人都说，纳兰纳容和卢氏，就是那《红楼梦》中的宝黛，只是他们比他们要幸运，毕竟有三年的烟火相依。

卢氏痴情，也遇了个痴情的纳兰容若。叹只叹，自古红颜多薄命。

卢氏情断红尘,黛玉梦归香丘。多少年后,那个叫陈晓旭的女子,戏里戏外的林黛玉,芳华那年,也香消玉殒了。

陈晓旭在她十几岁的时候,曾经写过这样一首诗:

> 我是一朵柳絮,
> 长大在美丽的春天里,
> 因为父母过早地把我遗弃,
> 我便和春风成了知己。

> 我是一朵柳絮,
> 不要问我的家在哪里,
> 春风把我吹送到天涯海角,
> 我要给大地的角落带去消息。

> 我是一朵柳絮,
> 生来无忧又无虑,
> 我的爸爸是广阔的天空,
> 我的妈妈是无垠的大地。

因春风而开,一遇春风也成落幕,仿佛冥冥之中自有天意,一曲红楼,空前绝后。"人间没了陈晓旭,世间再无林黛玉"。

陈晓旭去世的时候,是 5 月 10 日。纳兰容若的卢氏,病亡的时候为 5 月 30 日,而林黛玉故去,也是在暮春。"一声杜宇春归尽,寂寞帘栊空月痕"。一脉的情意绵绵,一样的人生宿命,春残,花落。

纳兰容若,从不相信她已经离去,那琴弦,余音还在;那壶茶,余香还暖。那竹帘未展,还待她拢起一窗月光,让他填词;或许她正在书房里找那本《资治通鉴》,转眼就会回到炉前,让他讲那魏晋往事。也许孩子的一声哭,她就会急急忙忙地回来,她怕他责怪她还不会做母亲。

她在,她还在。温柔的人,命运怎能不会温柔以待?

她的芳香，她的气息，就是纳兰容若的痴狂。他，在虚妄的臆想里辗转反侧，难以解脱，从不认为那是一厢情愿的梦：

> 晚妆欲罢，更把纤眉临镜画。准待分明，和雨和烟两不胜。
> 莫教星替，守取团圆终必遂。此夜红楼，天上人间一样愁。
>
> ——《减字木兰花》

最悲伤的爱，莫过于这样的天上人间的距离。望无可望，唤无可唤，是黑夜一样的漫无涯际。唯有那牛郎织女还好，有那七夕，有那鹊桥。可红尘男女，谁有那样的仙缘？

> 烛花摇影，冷透疏衾刚欲醒。待不思量，不许孤眠不断肠。
> 茫茫碧落，天上人间情一诺。银汉难通，稳耐风波愿始从。
>
> ——《减字木兰花》

木兰花，花开圣洁，只是望春而谢，惹人伤情。或许如此，木兰花词牌注定有一个伤感故事。传说五代词人韦庄，六十岁时与一少女邂逅成爱，仿《玉楼春》词牌填了一首词，送给这位叫着谢娘的女子：

> 独上小楼春欲暮，愁望玉关芳草路。消息断，不逢人，却敛细眉归绣户。
> 坐看落花空叹息，罗袂湿班红泪滴。千山万水不曾行，魂梦欲教何处觅。

因谢娘芳名木兰，这首新词也就故为木兰花的词牌。谢娘因词而爱，遂嫁给韦庄为妾。后来被前蜀主骗入宫中，霸身强欢。韦庄终日思念，写了一首情真意切的《小重山》，以表心愁：

> 一闭昭阳春又春。夜寒宫漏永，梦君恩。卧思陈事暗销魂。罗

衣湿，红袂有啼痕。

歌吹隔重闉。绕亭芳草绿，倚长门。万般惆怅向谁论？凝情立，宫殿欲黄昏。

这首词传到宫中，谢娘读后，悲泣数日，绝食而亡。又一个痴情的女子，让真爱更叹岁月红颜。

《减字木兰花》，字可减，情却更浓，让纳兰忧伤连绵，一首，又一首，让他深陷其中，从此写满他的后半生。萎靡萎靡，爱随香魂去，再没有归来。

卢氏，丈夫的一味本草，拼尽她一生的能量，熬成那一剂汤药，温暖了纳兰。原本以为相守庭院，一生一代一双人。最美的本草，却只是寥寥一季，宿命难逃，再没有力气为爱花枝招展，一劫魂断，根枯叶焦。

面对这样的悲伤，就像遭遇一场狂风暴雪，纳兰容若终于无力招架。他病倒了。寒疾，是他命里的毒，没有了卢氏这味本草，它就开始凶猛的复发。

冬郎，那本是父亲送给儿子的一个才华惊世的期望，一个或可与祖辈一样狂野勇武的祝福，不想却成了纳兰容若一生爬冰卧雪的谶语，情在苦寒，凄冷孤寂。

纳兰容若躺在病床上，朦胧中，似有她来，似有她去。来，使他的心头一热，去，使他的心底一冷。在这一热一冷里，不知自己身在阴阳。那些朋友，那些因他的孩子出生而来贺的朋友，那些因他的妻子病故来哭的朋友，再次因他的病重而来。他，因前一个朋友的到来而喜，又因后一个朋友的到来而悲。在悲喜之中，纳兰容若有了几分痴癫。

纳兰府上下，又是一场慌乱。有人为他祈祷，有人为他招魂。纳兰明珠再次请来了宫廷的几位御医，一起把脉问诊。一剂又一剂的汤药，止住了纳兰容若的寒战，却止不住他的痴癫。纳兰容若虽然看似病情渐缓，但终是不见明显的好转。

几位老医师，都是摇头，说：寒，伤身；情，伤心。他们驱得了寒，也只是暂时，却散不了情，那是一辈子的毒腺。

纳兰明珠知道他们尽力了，更懂得他们不会不尽力，挥挥手，留下一声一个父亲长长的叹息，在三百年前的远方。

　　再凌厉的女子，似乎对情也能认知更深刻一些，懂得更多一些。纳兰容若的母亲，听医师说到"情"字，心念一转，急忙叫颜氏抱来了刚刚满月的海亮。她想用骨肉的味道，唤醒儿子的心智。

　　也许海亮身上留有卢氏太多的爱的滋味，在床前的儿子，让纳兰容若忽然醒转来，眼眸里有了许多的明亮，心神那么宁静，宁静得就像从前的纳兰。

　　为情迷顿，为情醒来。的确，儿子的名字里，有太多太多卢氏的爱，他可以以情去追随那份情，但不能用命去追随，毕竟还有儿子，那也是他的她未了的心愿。他明白，她最后的眼神里，这是最难舍的托付。他，不能就此放弃自己，那是太自私的放弃，毕竟这段悲情里，还有儿子这道柔软的亮光。

　　妻子卢氏，给了他月亮西沉的悲情，让他陷入迷茫；儿子海亮，给了他海一样辽阔的光，让他在晨曦醒来。一死换一生，让纳兰容若，更加感叹这生死之情。

　　其实，这也是卢氏，以她的灵魂之爱，再一次挽救了纳兰。一棵本草的余味，从奈何桥那边，透过来了一缕阳光，让纳兰感受到了生死至爱。

　　窗外，那架千缠万绕的紫藤，纳兰容若从那幽幽的紫里，又看到了那种不舍。他轻轻呼了几声儿子的名字，然后披衣下床来到了书案前，掸去了那里的尘灰，铺开了最好的宣纸，然后，让所有的人退去，只留下在床铺上酣睡的儿子。他想在忆念里，感觉一下三个人，只有他们一家三个人的时光。

　　纳兰明珠夫妇也退了出去，心怀喜悦地轻轻掩上了门。他们知道，自己的儿子真的好起来了。

　　纳兰容若以为，有他，有儿子，有忆念，就是一家三个人的好时光。可他拿起墨锭来的时候，感觉到的是一种冰凉，妻子指间的余温早已不在了。当研磨的时候，却分明又有卢氏的味道，原来那情的滋味，都已经浸入了墨里，散不去，研更浓，落笔就成伤。

一生的情殇，让他在生死中缠绵悱恻。生有儿子的爱，死是妻子的情，只是他左手爱着儿子，右手情牵妻子，给儿子的少些，给妻子的更多。

纳兰容若的一生，对于子女的教育，似乎欠缺了许多，以至于他们都籍籍无名，大都碌碌一生。可能是因了对卢氏的情，对海亮的爱稍多一些，但文武之能也只是寥寥，最终在仕途的争斗里，轻易地误入了"九子争嫡"的宫斗大局里，从而亡命天涯，淹没于岁月尘埃。

或许，纳兰容若的情，太过于心无旁骛。说来，妻子是一种缘分，儿子何尝不是缘分？可他只想用真情的怀念，换取来生的重逢，却不想就这样不知不觉间，欠了今生的爱。纳兰容若之后，再无纳兰，一姓从此了然。

人的一生，不管你是有意还是无意，总是欠了这样那样的爱，无论是生，无论是死，无论是相遇，无论是分别。

经声佛火两凄迷

　　面对命运，没有强者，都一样的卑微如尘。一风东去，一风西往，身若飘萍。一切的所谓勇敢，也只能是虚张声势。就连普通的相遇和分别，都不能做主，生与死，真的更是无能为力。当一个人走在空空的长街上，就会感到那么地无助和孤独，不管有没有月亮。离去的，已经没有了背影，守望的，只能听到自己脚步的回声，苍凉得让人颓废。

　　明月之下，夜色之中，他和她的爱，本没有一丝尘埃。纳兰容若，从自己心中几乎能清清楚楚地读到"三生石"的文字。前尘的回眸，今生的相遇，来世的追逐。梦，一念到达，却哪里再也难求。

　　落花有轮回，人的生死真的也有轮回吗？无数日夜的叩问，只能自己给自己心中，一个似有也无的答案。有，是自欺欺人。无，是痛彻心扉。

　　至爱儒家文字的纳兰容若，也曾习读佛家的经卷，《大藏经》《般若经》《法华经》《楞严经》，等等。那时，毕竟少年，虽然熟读这些，却不曾向往这样灵通的秘境。没有大悲伤，大欢乐，就没有人可以脱胎换骨地蜕变自己。人，多是追红逐绿的凡尘客，在功名利禄中厮混、留恋。纳兰容若虽然清秀拔俗，但彼时正值弱冠之年，却还不至于出尘，也就在俗念里忙忙碌碌，然而，卢氏的离去，让他忽然就痴守佛前。他不是为在经卷里寻找宁静，只因那里，有生死相遇，那里，有轮回。

　　生死不舍的爱，需要这样的流转，不断前尘，不了因果。声声念里，求一个再相遇。

　　纳兰容若，自号"楞伽山人"，楞伽，意思险绝到常人难以到达，似乎也正应了他那无人知的心事。梁佩兰在祭念纳兰容若的诗中写道："佛说楞伽好，年来自署名。几曾忘凤慧，早已悟他生。"

　　那时的他，也去了，懂了唯一的知己真的已不在，唯有来生求。

　　纳兰容若，从最初撕心裂肺的悲伤里，皈依到佛前，潜心参悟，静若莲花。他用每一声祈祷，叩打着天堂的门环。轻了，怕那个她听不见。重了，又怕是一个惊扰。那门，怎样的叩打，才是那不轻不重的呼唤？

他多想门扇吱呀开处，迎出来的正是他的她，或是阶前不远处，白色彼岸花盛开的地方，回首而笑的，正是他的她。还是从前的娇媚，还是从前的温柔。

恶有恶果，善以善待。纳兰容若一直坚信，他的她，一定是来世的又一段善良花开。

> 心灰尽，有发未全僧。风雨消磨生死别，似曾相识只孤檠，情在不能醒。
>
> 摇落后，清吹那堪听。淅沥暗飘金井叶，乍闻风定又钟声，薄福荐倾城。
>
> ——《忆江南·宿双林禅院有感》

不曾落发，却几乎是心灰意冷的僧人，素衣胜袈裟，素心斋守宁静。唯一的，就是那一缕追忆。只叹命薄，心也成纸灰，独自承受着淅淅沥沥的冷清。

《忆江南》这词牌，总会让人想起白居易的那词："忆江南，最忆是杭州；山寺月中寻桂子，郡亭枕上看潮头。何日能更重游！"

纳兰容若一生，最爱的就是江南美景，更从他对江南名士的频频交往中，展现出了爱屋及乌的心境。卢氏，就是他的江南烟雨，就是他的江南楼阁，一别，却是永远的相忆。在那许多的诗词里，多有江南，也多是忧伤，看似忆景，何不是忆人呢？那人，浅看是后来结识的江南女子沈宛，可深里看，何不处处是卢氏依稀的影子？沈宛，只是纳兰容若一个寄放情愫的依托，一个影子，一个恍惚，"梦里不知身是客，一晌贪欢"的恍惚。

"一生一代一双人"，纳兰容若，终不是那滥情的元稹，以后所有情怀的感叹，无不是围绕卢氏的想象。

卢氏病故之后，一直停灵在京郊的双林禅院，迟迟没有下葬。

旧时的礼制中，人死后，都要先停灵，再下葬，好让人们哀思有所寄托。停灵时间的长短，多不相同。在平民的习俗里，都在三日。也有七七四十九天的，那大都是富足人家的祭念。古礼制中，为了表示无上的尊贵，天子的停灵日期可达三年。清代，对于灵柩的停放时间有了更详细的规定，亲王一年，郡王七个月，贝子五个月。而纳兰容若的妻子卢氏，从康熙十六年五月去世，到第二年的七月下葬，停灵时间竟然长达一年之久，完全超过了亲王的礼制待遇。这，并不是纳兰容若故意违背礼制，是因为他心中有太多的不舍，是因为他始终不能相信，他的她真的去了。也许，一个恍然，她就会衣袂飘飘的归来。

昨日还巧笑嫣然的爱人，谁能相信转眼就是阴阳两隔？

在这一年多的时间里，纳兰容若时常来到双林禅寺，甚至连住数日，素衣素食为妻子守灵。有时候，纳兰明珠几次派人来唤，甚至他自己亲自来，纳兰容若都不肯回去。他只怕刚刚离开，胆小的妻子若是醒转来，该是怎样的惊慌失措？毕竟这寺院太过凄冷，太过偏远，没有一丝家的温软。再轻声细语的佛经，也是与人间烟火有太厚的疏离。那是异域的凉，一听，就是一个秋，薄霜浅雪一样肃杀的印痕。再听，已经是心上的苍苔，暗暗的绿，让人心境懒散到无趣。

　　辛苦最怜天上月，一昔如环，昔昔都成玦。若似月轮终皎洁，不辞冰雪为卿热。

　　无那尘缘容易绝，燕子依然，软踏帘钩说。唱罢秋坟愁未歇，春丛认取双栖蝶。

——《蝶恋花》

《世说新语》中有载，相传魏晋时代，有名士荀粲，与妻子感情甚笃。忽一日，妻子重病，高热如炽，求遍百草名方，也不见好转，荀粲焦急万分。当时正值严冬，为了让妻子退烧，他赤身卧于冰雪之中，然后用自己凉透的身体为妻子降温。一次又一次，如此反复着，闻知的人无不感动落泪，但却没有感动上天，他的妻子还是撒手人寰。荀粲坐在妻子的灵柩前，不悲不哭，却黯然神伤，生无可恋。好友都来劝说："天涯何处无芳草？"他只幽幽地答道，"佳人再难得"。在长期无比哀伤的折磨中，他也终于追随妻子而去。

环，玦，都是玉佩。环，如圆月；玦，似缺月。月亮一昔如环，昔昔却成玦，真是让人遗憾。美好，是如此短暂。纳兰容若以荀粲的典故，表达自己的悲伤和情感，也愿以"不辞冰雪为卿热"的决死之爱，来换取与妻子的团圆之欢。只是缘分已断，唯有空唱坟前，做那一双相伴而舞的蝴蝶了。

来了，再不想走，双林禅院里，纳兰独守灯前，默默打坐，用灵魂叩问那个意念中的空间，等他的她来答，哪怕只言片语。

越是最寂寞的地方，越是能感觉到爱人的所在。爱让生命里没有一丝尘埃，水一样宁静，滋润着他心中的莲花。至情，就是这冷冷的月光，就是这静静的迷漫，就是这淡淡的忧伤。

梦的涅槃，情的图腾，在那钟声和经歌里，一会儿天涯之远，一会儿咫尺之近。远远近近里，就是那一转身的微笑相迎，一转身的拂袖轻恼。

挑灯坐，坐久忆年时。薄雾笼花娇欲泣，夜深微月下杨枝。催道太眠迟。

憔悴去，此恨有谁知。天上人间俱怅望，经声佛火两凄迷。未梦已先疑。

——《忆江南·挑灯坐》

挑灯夜坐的纳兰容若，有时，忽然就感到有一件衣服披在了身上，回头看，竟然真是妻子，并且轻声地嗔怪道："夜这么深了，早点休息吧。"只是待他定睛来看，却不见了爱人的影子，四围只有经歌佛火的凄迷，恍然如梦。还不曾入睡，这怎么可能是梦啊？再四处寻觅，却什么也看不见。

双林禅寺里，多少这样柔软的感动，让人落泪。可泪水，什么也不能挽留，什么也难以呼唤。那咸涩到苦的滋味里，思念在疼痛中慢慢委顿。

一句，一个痛点，一句，更比一句痛。好友顾贞观，在纳兰容若身后评价他的词时说："一种哀婉处，不忍卒读。"

因为太过于爱，也就求另一个极点。纳兰容若在《楞伽经》的字句里，感受到了一种清凉，那种水是水，波也是水，性相如一的慧念。归于本初，就不执拗于生死，不拘束于贫富，就不纠葛于欢愁。水就是空，波也是空，随水而动的，那萍聚萍散，都是妄念。

儒家先师也说："逝者如斯。"水，是来路，更是归途。

在爱的灵柩前，纳兰容若从最初的招魂，渐渐只期盼来生的流转。与其说他习惯了这种悲伤，不如说他爱上了这种悲伤。在这里，他才能跟上水的流速，与爱的人轻舟天堂。从此，他的后半生，是水的百转千回，是莲的安守如一。

"悼亡之吟不少，知己之恨尤深"。怎奈是，一个人，一段情，让他无路可逃。在失去爱情的日子里，笔墨写初心，经卷寄来生，以此聊以宽慰自己的孤独。最后一片叶子，也断了枝头的痴念，只好以一只迁徙而过的鸟，当作下一季的花蕾。只是那鸟，也没肯久留，一个展翅，越过房檐，没了影踪。寻觅的眼睛，也就更加惊慌失措。

坟墓，毕竟是逝者的圆满，是活着的人应该有的一个交代。一年又两月，纳兰容若在恋恋不舍里，终于将卢氏葬于家族墓地，为爱的人筑起一座香冢。

纳兰家族的祖墓地，位于现在的北京市海淀区上庄外镇皂甲屯村西。然而卢氏下葬的地方，却是纳兰家族的另一块墓地，位于现在的人民大学校园。这个地方相传曾经桑榆遍地，也就被人叫着桑榆树，另被叫着双榆树。清兵入关后，对皇亲国戚进行封赏。为此，被赐给了纳兰家，成了一块家族墓地。

纳兰容若的妻子卢氏，身在芳华就离世了，也就成了最早埋在此处的纳兰家人。陆续有纳兰容若的母亲觉罗氏，以及纳兰容若的长子福格和孙子瞻岱，先后葬于此地。而纳兰容若去世后，却埋在了上庄镇的祖坟地里。待到纳兰明珠去世之后，埋在双榆树的纳兰容若的母亲、妻子先后迁走，而纳兰容若的儿子和孙子的坟墓，直到新中国成立后才迁往上庄。双榆树这块地方，也就只剩下了荒草一丛，诉说着三百年前的沧桑往事。那随纸钱一起焚烧的悼亡词，伴着那一茬茬的野草枯枯荣荣，尽已散在四季里，成尘成风。

真爱，永远没有尘埃落定，依然等待着，在那个他必经的路旁。

当面对落花，也不要辜负，也许那就是前生的真爱。如果再次错过，也许又是五百年的等待和痴念。一茎草，半朵花，三五叶片，有过风，有过雨，有过白天，有过黑夜，真的是它们在追寻爱的路上太辛苦了，也就落得伤痕累累。真爱，总是被完美伤害，不知误了多少佳期。人世间，才如此多了一段又一段悲剧，说也是哭，唱也是哭。

曾经葬花的林黛玉，何尝不是葬的自己？曾经叹柳絮的陈晓旭，怎又不是叹的自己呢？繁华无边的红楼，刹那间成了废墟，雕梁画栋已不见，更不见了红男绿女，甚至都不见她们的荒坟野墓。女子，不是主流，一了也就百了，很少有人记得她们，很少有人提起她们。生，是红颜花，死，却是寥落骨。

历史，虽然是人类的历史，却少有女子成为史学家笔下的一抹风流，武则天似的威武，实在少之又少；西施、貂蝉般的美颜，也不过三五人众；蔡文姬、李清照那样的才情，同样屈指可数。即便是这些不让须眉的巾帼，不也只是史学里的三五字句？人们只能在她们模糊的背影里，猜测着他们的生平。女子的芳名，多归于尘泥，不见流传。卢氏，她有一个怎样的名字，一个氏字太潦草，太轻率，假如真的没有纳兰容若，怕也是落叶流水的无痕。正因为她是纳兰容若的妻子，才在那诗词里香魂一闪。然而，又怎能说不是她的爱，她的生命，成就了纳兰容若凄艳的词调，流芳代代。

谁能拂去岁月的烟尘，还她的芳名以明媚？

"家家争唱《饮水词》"，让多少世人因爱而爱，因情而情！或许，前生的我们，都曾有一段刻骨铭心的错过吧，也就有了读来断肠的感触，却又在深深的寂寞里，欲罢不能。心疼着纳兰，其实更心疼着自己，不愿醒来。

人到情多情转薄

　　人，说着忘却，说着淡然，可往事总是难以回避。特别是很多曾经的伤疤，会在某个潮湿的时刻，时不时地泛起疼痛。即使富贵无边，即使权威齐天，谁又能保证没有心灵的暗伤？在忧伤里忆念，是命中的劫。大的时候，可以遮天蔽日，让情绪在长久里抑郁。小的时候，或许只是角落里的一片苔藓，在别人的眼光里，那是一丛很可爱的绿，但自己知道，那是一种霉变，以春天的色彩，慢慢侵蚀命运的关节。情感时不时遭受着掣肘，再没有了那无拘无束的天真烂漫。

　　那个叫着冬郎的少年，曾经以为世界如雪，冷得单纯，冷得清澈，可以任他一朵一朵的梅花开。的确，身在富贵之门，也足以让他锦衣玉食，得风得雨。若他只是纨绔的张扬，真的可以浮浪一生，不沾愁苦。可这相门公子，却偏偏情深意长。

　　遇了惠儿，只愿青梅竹马成百年。遇了卢氏，本想一生一代一双人，却不想痴心福却薄，一个生离，一个死别。纳兰容若也想指点江山，也想激扬文字，却无骏马任奔驰，却无竹管任泼墨。

　　情深，情未了；志远，志难酬。命运的尖刀抵住心脏，逼他一步步后退。既然已经不能挥斥方遒，那就做一朵佛前的青莲吧，褪去浮华，落尽锦绣，结一粒一粒苦心的莲子，当禅语，养心安神。

　　日子，最终是苦的。

　　　　昏鸦尽，小立恨因谁？急雪乍翻香阁絮，轻风吹到胆瓶梅，心字已成灰。

　　　　　　　　　　　　　　　　　　　　——《忆江南》

　　残阳都已经不在，却还在夜幕中怀念。精心呵护的瓶中梅花，都被风吹落，怎不让人心念成灰呢？一声长长的叹息，郁积成半生的落寞。

　　纳兰容若，泪眼问佛，佛也不语。他以为诚心未到，就常在寺院里听经，常在禅房里打坐。求不到来生也不要紧，那就求今生的梦。痴情，让他不能放下，魂魄总是游离在红尘之外，有几许疯癫。这里，竟然让人想起《红楼梦》的一段歌诀："我所居兮，青埂之峰。我所游兮，鸿蒙太空。谁与我游兮，吾谁与从。渺渺茫茫兮，归彼大荒。"

纳兰容若，在卢氏去世以后，苦守经卷，困卧禅院，一副生无可恋的心情，真有许多贾宝玉的影子。宝玉，毕竟是戏里边的人物，一块青埂峰上的补天灵石，前世的赤霞宫神瑛侍者。想他用甘露润泽三生石畔的绛珠仙草，使其草胎木体，换得人形灵魂，才有了两两共赴红尘渡劫。这一生的行走，不过为了那木石前盟，他可以带着黛玉的眼泪，一袭袈裟扬长而去。而红尘中的纳兰容若，却不能，他只能用自己的泪浇灌自己。太多的人事缠绕，使他不能归于青灯黄卷，在菩提树下寻找真谛，悟成佛陀。

人，从孩提出发，那时蹦蹦跳跳，是因为还没有什么负累。一路行走，渐有背负，也就慢慢跳不起来了，最后不得不弓起身子，才能承载光阴。站在人生的路口，等一场落叶的了悟，知一场秋霜的问答，最后扑地成土，让随后的脚步，踩成路。

路，其实是一个生命和一个生命的沉积，是一个生命与一个生命的衔接。

纳兰容若，在他的四围，还有父亲、母亲、儿子，甚至他的帝王。他，难以放下这些担当，一个儿子的担当，一个父亲的担当，甚至一个臣子的担当。本想活出删繁就简的生活，却偏偏回避不了日月星辰。人，总是这样，在渐深的日子里，无法自拔。

大千世界，众生我等，顿悟一时可以，谁又能真正觉悟，与佛同行？情根爱枝，是一生的勾连，有多深的牵挂，就有多高的守望。

日子是如此倏忽之间，一黑一白，一切都已经被抛弃在身后，唯有自己，在一暗一明的浪涛里随波逐流。谁最初没有梦想的方舟，谁最初没有理想的风帆，可走着走着，舟楫就折了，可走着走着，帆樯就断了。最是那个说一生一起把握时光的人，再不能同舟共济，命运，就不掌握在自己手里了。其实，也没心把握，也无意把握。

背运的转折，却总是意味着主动的放弃。

卢氏的去世，纳兰容若守灵一年，之后依然时时步入双林禅院，任自己的想念在佛前坐化成一朵青莲，苦心成珠，一粒粒串成佛串，随经歌一起数点。只是数着数着，又到红尘，数着数着，又返了俗梦。他的她，毕竟是最难的忘却。

念珠，是纳兰容若泪水的化石。

> 此恨何时已。滴空阶、寒更雨歇，葬花天气。三载悠悠魂梦杳，是梦久应醒矣。料也觉、人间无味。不及夜台尘土隔，冷清清、一片埋愁地。钗钿约，竟抛弃。
>
> 重泉若有双鱼寄。好知他、年来苦乐，与谁相倚。我自中宵成转侧，忍听湘弦重理？待结个、他生知己。还怕两人俱薄命，再缘悭、剩月零风里。清泪尽，纸灰起。
>
> ——《金缕曲·亡妇忌日有感》

这辞章的文字，并不华丽，也似有些柔软，可一粒一粒的字符，都硌得人心疼。一段痴情，几寸断肠，悲音绵延，三年，梦该醒还未醒。他依然呓语喃喃地埋怨着，说好的钗钿之约，为何要轻易抛弃？今生已经无缘，只期待来生，再许诺一个天长地久。可是怕来生命更薄，相见的机会都没有。泪眼里，纸灰如蝶，漫起天上人间的凄楚。

卢氏十八岁嫁入纳兰府中，与纳兰举案齐眉，相敬如宾，可说是花叶两秀美，冠绝人生，可只叹仅仅三年的光阴，就阴阳两参差，从此纳兰的悼词连绵不绝，悲凉的格调，漫溢他的后半生。仅仅为卢氏写的悼亡词，就达四十余阕，可见其深爱。

这首"亡妇忌日有感"，写于卢氏去世后的第三年，也就是康熙十九年（1680）农历五月三十日。这是妻子的忌日，也是纳兰容若的劫，再也绕不过去。八年后的同一个日子，纳兰容若在一声声追问爱情里，奔赴"他生知己"的祈望。从此，让人们在这同一个日子里，祭奠这美好的爱情词话。

"一切文学，余爱以血书者"，大学者曾经这样感叹过。纳兰容若的文字，特别是他的悼亡词，都是多有血泪：

> 近来无限心事，谁与话长更？从教分付，绿窗红泪，早雁初莺。
> 当时领略，而今断送，总负多情。忽疑君到，漆灯风飐，痴数春星。
>
> ——《青衫湿·悼亡》

埋愁地，愁更堆积，心事远处诉说。那忽然摇曳的灯影里，可是爱人的魂魄归来？痴情的纳兰容若，望断草长莺飞，爱也无处寄托。三年，整整三年了，他总是独望星夜，在对卢氏的思念中蹂躏自己。

在古礼制中，父母亡故，儿女才守孝三年。纳兰容若，竟然也为爱痴守三年。纳兰明珠宽容自己的儿子，让他也用这三年的时间调整感情，但他不允许儿子为一个逝去的女子，继续如此颓废下去，终于把纳兰容若续娶的事提上了日程。

一场隆重的婚礼，是无数人的欢乐，却是一个人的落寞。作为喧闹中的主角，纳兰容若却是浑浑噩噩，他木然地掀起了那方红盖头。

康熙十九年，纳兰容若续娶了官氏，即瓜尔佳氏。官氏是清朝望族之后，曾祖父费英东，骁勇善战，屡立战功，是后金开国五大臣之一。祖父图赖和父亲朴尔普，都被封为一等勋功。此时的朴尔普，正是统领皇宫侍卫的大臣，纳兰容若的顶头上司，对此婚姻的允诺，也显示了他对纳兰的喜爱和认可。作为武将门第的官氏，那血脉里的英武之气也自有沾染，对纳兰容若的爱，也就少了一定的温柔，日子虽然宁静，却总是少那种心动的缠绵，每每对坐，总会让纳兰想起卢氏。怀念，让他无法找到激扬的情感。

> 一种蛾眉，下弦不似初弦好。庾郎未老，何事伤心早？
> 素壁斜辉，竹影横窗扫。空房悄，乌啼欲晓，又下西楼了。
>
> ——《点绛唇》

蛾眉，细而弯的眉毛，多指女子之美，此间当为蛾眉月的意思。如果说弯月是一只小船，那么上弦月则是飘摇江波的轻舟，而下弦月则是翻扣岸边的残船，再也无力承载什么。纳兰容若，对官氏始终是爱不起来。也许正是贵族之心，英武之气，让官氏不肯屈身而爱，难有温柔之情。两人相处四年之久，竟然没有子嗣，应该说哪个地方出了问题。

爱，是两个人的经营。可此时的纳兰容若，寒意浸身，他需要的是一捧温暖。官氏，却似一件高贵的瓷器，闪着冷艳的光芒，立身于堂前。他们不能将彼此捧在掌心，那种游离也就自然而然。

不是不美，不是不雅，被纳兰明珠选作儿媳，官氏定是旷世佳人，但她和纳兰容若的相遇，不仅是时间的错误，更是性格的错误。郎才和女貌的所谓婚配，实在还是抵不了情感的相濡以沫。

青松精神，荷花品质，都为世人所爱，可在那些诗情画意的丹青长卷里，有谁见过青松和荷花的相依？

融洽，才是爱的精要。

格调的相左，让纳兰容若和官氏隔膜渐重。他不解她的女人心，她不懂他的男子情，一日三餐也觉无味，日出月落更是索然。一个人在书房里洒泪写悼亡词，越写越思念，一个人在闺房里默对女红，越想越寂寥。纳兰容若的思念越多，官氏的怨气越重，疏离，让两个人的心越来越远。

时光并不必责怪谁，无法说这是谁的错。多情的纳兰容若，记取曾经，不负真爱，也就寡情于世。一枝梅，在雪野里，独自开落。官氏，初嫁情郎，原以为有呵护，有蜜语，夫唱妇随温软百年，却不想是这样心上人只念旧情的好，完全忽略了身边的她。一枚青花梅瓶，再遇冰水的淬火，裂纹遍布全身。这不是宋瓷的开片，这伤痕让官氏悲痛欲绝。

世人总在纳兰容若的笔端里，感叹着词间的男人泪，可有谁去关心过官氏，那绣花针端的女儿血？这一绿一红，更应该是花叶永不相见的彼岸花，是谁千年前不经意的回眸，有了这一生的错误相遇。

是谁负了谁？

豪门和望族的姻缘，堂皇的楼阁里，却是如此的一片狼藉。

官氏，也试着对纳兰好，其实她懂，这应该是一个女子的责任，她也对纳兰的儿女们好，她知道这也应该是一个后母的善良。只是纳兰容若毕竟是雪野里的冬郎，在寒冷里浸泡了太久，在思念里陷得太深，一出口，就是一片雪凉。

> 萧萧几叶风兼雨，离人偏识长更差。欹枕数秋天，蟾蜍下早弦。
> 夜寒惊被薄，泪与灯花落。无处不伤心，轻尘在玉琴。
>
> ——《菩萨蛮》

面对这样一个在旧情里徘徊复徘徊的丈夫，官氏的热情已经无力支撑。她的温暖，只够面对一个平常的烟火男人。没有欢情，成为两个人的郁郁寡欢，最初的怨恨也没有了，只是素然相对，默然擦肩。这位官氏，也就成了纳兰府上的谜团，虽然有来时的喧闹，却是去时的云烟。在纳兰家族的两块墓地里，都不曾有她的身后影，毕竟她是明媒正娶的妻室，何以不如一棵籍籍无名的荒草？更令人不解的是，在纳兰容若的墓志铭刻石上，在介绍这位继室的时候，原应为"继室官氏，光禄大夫少保一等公朴尔普女"中的"朴尔普"三个字却被后人凿了去。如此的做法，似有避讳，或许是官氏的这位父亲，"或曾获罪于朝廷，墓铭遂刿去其名姓"，但踏遍清史，却并不曾见朴尔普有罪责之事。这让官氏的踪影更显模糊。

曾经也有传言，说是曾在纳兰家的坟地见过官氏的墓碑，不过"瓜尔佳氏廷宅茔地"几个字，太过于简单，简单得和纳兰容若没有一丝关系，简单得让人摇头。更何况这块碑碣，也就倏忽一闪，再也不见了。

官氏，这个女子，还是成了烟雨那时。

也许，无爱的婚姻，在纳兰容若病故之后，让官氏更无牵挂，毅然走出了高高的纳兰府门，再披嫁衣，另为人妇。遇了多情的纳兰，却是薄情的姻缘，这种美丽的悲哀，足够官氏寂然一生。没有死后葬入纳兰家的坟地，或许更是她的释然。就像等了一生的朱安，最后的愿望竟然是：愿生生世世再不遇见鲁迅。

生无欢，死，又怎会有爱？让彼此相安于天堂吧。

身向云山那畔行

时光的花草，漫野而生，一眼望过去，就是一片红绿的江山。其实每一株花草都以不同的姿势，不一样的荣枯，诉说着自己。就像芸芸众生，这熙来攘往的大千世界，人们都是一样穿梭在日月之中，可谁和谁会是一样的历程，一样的归处？

同一条路上行走的人，其实都不是同样的脚步，同样的目的。红尘男女，每时每刻，都是各怀心事。谁没有自己的想法呢？扑地的草，可以是默默的诗笺，也可以是遥寄远方的深情；缠高的藤，自然是更高的呼唤，亦可以是为谁的，一低头的温柔。

我们和草木一样，心事，决定了人生的姿势。姿势，透露了经历和盼望。宁静常常郁积着波涛，大喜大悲，又往往归于一杯茶的淡然氤氲。起，是伏的梦想，伏，是起的沉思。一路起伏，一路悲喜。

谁都想岁月静好，可谁又能一辈子从容。不要说人们心事起伏难平，有时候真的很无辜，突然又突然的一场场风雨，我们不得不改变自己的姿势。不是我们太善变，只是纠缠岁月的人，都会被岁月纠缠着，无力摆脱，无法随心。逆风飞扬，总要付出太多的伤痕累累。一转身，有时候万千负累就有了释然。人生，就这样的无奈。

既然爱已逝去，千呼万唤也不能归来，纳兰不再苛求什么。他，坦然接受了官氏。只是这种接受，面对和背对是一样的表情，平静得无爱无欢。在纳兰这里，官氏甚至不如一个奴仆，让他生出一些亲切。人生，不怕张冠李戴的友情，最怨南辕北辙的婚姻，友情，毕竟聚散有相当的局限，婚姻，却是朝朝暮暮。

无缘的爱，让纳兰容若心念如灰。

卢氏的去世，让纳兰容若对家没了那么强烈的依恋，在大悲之中归来的他，在侍卫的职差上，反而认真了许多。立身于康熙身旁，少了那种耻辱感，他不觉得这只是皇帝的差遣了，更感到这是万千民众的差遣。帝王的私心完全可以忽略，这毕竟是百姓的山河。纳兰容若不说是专心了朝廷大事，但不再是从前那样的抵触。不管是扈从出行，还是闲说风雨，他都能够专心于康熙的言谈举止。应答，及时得体；行动，迅速准确。说起国家的安危，他能以古喻今，纵横捭阖；论起一把剑来，他能侧耳听那利刃在风中的啸音；谈起一盘棋来，他能在黑白里看透世事进退；聊起一杯茶来，他能在沉浮里参透荣华贫寒。

康熙，从没见过这样宁静的纳兰容若，尽管那从容里还是带着忧伤。也许，那正是玉经时光洗礼后的包浆。这样的纳兰，康熙更加宠爱有加。

或许，职场上的宁静，漫溢在许多红尘的味道里。面对文房四宝，面对诗词歌赋，纳兰容若更有了真正的气定神闲。他潜身在文字里，如同回归到了最初的那年，四野是雪的白，只有他的心事绽放成一朵一朵的红，独自惊艳着光阴。书卷舒展的翅膀，给了他飞翔的灵性，他，恣意地翱翔在学识的子夜或午后，愈高远，愈激动。

纳兰容若，越来越厚重起来，就算是他的悲伤，也有了更多的质感。叶，映着日月光影；脉，流着天地沉香。哪怕是伤缺的残破，也不是空泛的，留白里有太多的内涵。很多的日子，他就端坐渌水亭，吸纳着四周水泽的灵气，好让自己的情感不再干枯。一生，墨如水，词如水，情如水，在岁月里潺潺流淌，将一颗怀念的心泡得泪水盈盈。

身在富贵，遥望柴门；身处繁华，归心清贫。依水的纳兰容若，水样的身心。

水，永远不问荣辱，总是在凌风的高处，向低处日夜沉潜。所以，才有了波澜壮阔的汇聚，成为越千年穿万古的不枯不干。

海若散去的时候，众生也会是更早的散去。因为我们的一切智慧，都在海的掩映里。比海更辽远的天空，也不具备这样的包容，因为飞鸟和游鱼，都是水的子女。

亭，自古是文人雅士的喜欢。这里，可以迎八面来风，任自由呼吸。水，也是诗人骚客的热爱。水，可肆意于山川，可规矩于杯盏；可奔放于狂野，可温婉于守心。亭畔流水，水湄亭台，就成了诗词的绝配，文章的妙品。一路文字大家，多都曾依亭面水而立，抒发天地情怀，也成就了无数不世名篇佳句。

"更待菊黄家酿熟，与君一醉一陶然。"北京的陶然亭，陶然着千古。

"停车坐爱枫林晚，霜叶红于二月花。"长沙的爱晚亭，小坐秋日斜阳，倾情多少往来客。

"沧浪之水清兮，可以濯我缨；沧浪之水浊兮，可以濯我足。"这般自在，使无数脚步奔向苏州。

"醉翁之意不在酒，在乎山水之间也。山水之乐，得之心而寓之酒也。"最是这欧阳修的醉翁亭，让古今贤达智悟，"人生百年，把几多风月琴尊等闲抛却；是翁千古，问尔许英雄豪杰哪个醒来。"

九州华夏，亭台无数，而亭台左右，不是有清溪缠绕，就是有池塘相映，或有湖泽遥望。一亭一抒怀，一水一留情，数不尽的文墨风流，退去铅华，洗去世俗，归于一亭一水之爱。

渌水亭虽然难以在亭台中名列前茅，但也是清代一时风雅，这里不仅是纳兰容若吟诗写词、著书立说、读古论今的地方，更是无数朋友雅聚的常地，成就了不少佳话。

纳兰容若一生交友无数，都是随心而欢，尤其是那些两袖清风的寒士，多是渌水亭中的座上客。而那些豪门公子，望族子弟，他从不刻意接近。他说他们太过油腻，若水的他，和他们是一种天然的游离。

冬郎，天生的冷艳，成为爱情中的绝唱。但他白雪皑皑的故乡情感，在嗅到南方文明的刹那，就开始了融化，就开始了向往。他的内心深处，有一股难以抑制的江南遥望。

野色湖光两不分，碧云万顷变黄云。

分明一幅江村画，着个闲亭挂西曛。

纳兰容若的这首《渌水亭》的诗，也分明透着云影天光的江南味道。或许是这种喜欢，他结交的朋友当中，多以南方为爱，多以清雅为心。

顾贞观，这位康熙五年的老举人，因同僚排挤，挂冠而去，落魄江湖。纳兰明珠毕竟是一代权相，的确有过人之处，康熙十五年，他将顾贞观引入府中，为儿子纳兰容若教授学业。没想到，顾贞观和纳兰容若，两个差着二十岁的师徒，竟然成了至情的知己。他们相坐渌水亭，清品诗词，畅谈岁月，如那相别经年的老友，从此惺惺相惜。一个中年寒士，一个芳华少年，竟然性情如一，品味无二。在顾贞观的词里，总能读到纳兰容若喜欢的幽情素心的味道：

> 山城夜半催金柝，酒醒孤馆灯花落。窗白一声鸡，枕函闻马嘶。门前乌柏树，霜月迷行处。遥忆独眠人，早寒惊梦频。
>
> ——《菩萨蛮》

顾贞观《弹指词》的弹指之闲，纳兰容若《饮水词》的饮水之欢，都以情为韵，素字写真。尤其他的另一首《断续令》，将心迹隐于草木，如话家常：

> 断红兼雨梦，当归身世，等闲蕉鹿。再枕凉生冰簟滑，石鼎声中幽独。活火泉甘松涛嫩，乳香候，龙团熟。地偏丛桂枝阴，又吐丛菊。花时约过柴桑。白衣寒蚤，体负深杯绿。青镜流光，看逝水银波，漂残落木。瓜蔓连钱，草虫吟细，辛苦惊髀肉。从容乌兔，丝丝短发难续。

顾贞观将二十味中药嵌于词句之中，却丝毫不见匠意，周而复始中，更觉让人辗转反侧。

首字之断，尾字之续，多少时光断后难续？

也许纳兰容若读来，更念想他一生最美的那味中药。一去永诀，再无人煎那味暖命的汤。

在纳兰容若的有生之年，顾贞观与他虽然是师生之名，但他一直视为知音之谊。忘年之交，兄弟之欢，使他们曾盟誓于渌水亭，誓如这亭水的相映相宜。

纳兰容若懂得顾贞观的退隐有许多的无奈，对于他的志向难酬很是感慨。两人也时常论起仕途的沟沟坎坎，都厌恶那些尔虞我诈、钩心斗角，可说着说着，两人就淡然了，两人就释怀了，本是诗词风流，又何必做那"润色朝家典"的"题风客"？他们豁然了亭，豁然了水，豁然了远方。

> 才听夜雨，便觉秋如许。绕砌蛩螀人不语，有梦转愁无据。
>
> 乱山千叠横江，忆君游倦何方。知否小窗红烛，照人此夜凄凉。
>
> ——《清平乐·忆梁汾》

纳兰容若写给朋友的诗词，以顾贞观最多。正是两人的日夜倾心而谈，两人看淡了世事，顾贞观遂成了"第一飘零客"，潇洒于波光云影中。纳兰容若累于门庭之名，不能纵身于江湖，只能遥望烟波，写下点点凄凉。

一个身在远方，一个心在远方，一老一少两知己，早已轻舟江南。

康熙二十四年（1685），纳兰病故之后，顾贞观无比悲痛，第二年就归去南方，再没有回望过京城。那里，亭已倒塌，水已干涸，再没有了渌水亭。

相传顾贞观对纳兰容若念念不忘，祈求能再次相见。纳兰容若果然来到梦里，对他说："文章知己，念不去怀。泡影石光，愿寻息壤。"当天夜里，妻子产下一子，形神竟然与纳兰别无二致。顾贞观知是上天感动于真心，激动不已。一个月后，他又梦到纳兰容若向他告别，醒来，孩子已经夭折。

这奇异的传说，虽然缥缈，却颇让人在感动中感慨。

顾贞观与纳兰容若，还有当时的另一位清朝词人曹贞吉，被誉为"京城三绝"。以他们的才华，当有冠绝之意，可在他们离世的性情里，更应该是绝尘之爱。

他们都有更向秋风去的心底淡然，顾贞观与纳兰容若本应该同坐扁舟，一个船头，一个船尾，一张古琴，一把洞箫，在淡墨的画意中隐隐约约。

正是纳兰容若与顾贞观这师徒的知音情谊，让无数诗词名流向往渌水亭，以亭中一坐为至欢。

姜宸英，这位布衣名士，因得罪纳兰明珠而失意于京城。性情孤傲的他，理当和纳兰容若不会有过密的交集，然而，他们却成了渌水亭中常来常往的挚友。纳兰去世以后，姜宸英日夜悲泣，难成安睡。他在祭文中写道："我常对客欠伸，兄不余傲，知我任其真；我时谩骂无问高爵，兄不余狂，知我疾恶；激论事，眼瞪舌，兄为抵掌助之叫号。"由此可知二人的情谊非同一般。

正是失望于官场的尔虞我诈，钩心斗角，让他们无意于仕途，同在渌水亭间，弹唱渌水。

纵观纳兰容若短暂的三十年光阴，他结交的朋友，籍贯多在江南，而且大都比他大上十几二十几岁。少年纳兰，如此看来，早已心无碧波，胸中满是寂然。失爱的悲伤，让他将自己交付于长风，不再苛求什么，忘却四季的盛衰枯荣，忘却日月的阴晴圆缺，忘却心中的舍得是非。停，如亭临风，行，若水归溪，释然，自在。

这该是此间的纳兰，在名山大川间行止，在野草闲花中坐卧，狂写一纸乱草，静听一窗花开。生，如清风弄玉箫；死，是那流水漫古琴。有情也无情，有痕也无痕，是缘也非缘。

纳兰容若毕竟立身相府，更是一个孝子，不是有所不舍，实在是不能抛却。更何况他还是康熙的侍卫，他只能右手握着职责的刀柄，左手写着心灵的诗词，随着帝王驾临四方。在康熙的眼里，那些城郭，那些关隘，才是他的风景。而纳兰容若的心，更在那城郭中的烟火人家、关隘高处的猎猎旗风。不一样的心境，就有不一样的旅途。

词中纳兰，一路行走，有太多错过，也带走了太多的感动，留下的是卑微的孤单。问世间，有多少真爱可以如此流失？怎不让人泪伤倾情。他不再渴望，也不再寻觅，在怀念中渐渐依水而行。人说少年都是铮铮的金属气概，风华纳兰却已经是草木心性，是时光的罪，还是岁月的功，才有了纳兰身后情卷情舒的凄滟。

欲寄愁心朔雁边，西风浊酒惨离颜。黄花时节碧云天。

古戍烽烟迷斥堠，夕阳村落解鞍鞯。不知征战几人还？

——《浣溪沙》

　　立身于西风古道，纳兰容若在那淡淡的铿锵里，透出的是浓浓的伤怀。这何尝不是爱情之殇难消的印痕？一伤百伤，黯然了心境，又释然了人生。

第五章

瘦骨不禁秋

谁念西风独自凉

　　当人们浪迹天涯，有了十分的倦怠，总渴望有所相依，哪怕只是一片稀疏的阴凉也好，躺下来，好好做一个故乡的梦。青砖碧瓦也好，竹篱草堂也罢，才知道了那份安逸和温馨。江湖，看似潇洒，却也有许多难以预料的挣扎。谁说一叶扁舟，一杆长篙，就是自己的江山锦绣。谁能看透那自在背后的尴尬，谁又懂得风流侧面的苦涩。那么多的文人雅士，只带着一把折扇就上路了，总以为一切都可以在折折叠叠中尽为把握，骨是潇洒竹，面是才情锦，可没有谁能从容到老，更何况本就没有多少从容。最后，只能归于一窗月，几卷书，半亩田。说好了的漂泊呢？却原来曲曲折折，家一直在心中。

　　一缕炊烟，就是梦里家的呼唤；一方院落，才是实实在在的宁静。

　　残雪凝辉冷画屏，《落梅》横笛已三更，更无人处月胧明。
　　我是人间惆怅客，知君何事泪纵横。断肠声里忆平生。
　　　　　　　　　　　　　　　　　　　——《浣溪沙》

　　纳兰容若心向江南，心向漂泊，可一句"惆怅"，一声"断肠"，更将对家的依恋深深地表露。他舍去不了这个宅院，不是因为富贵，毕竟是生他养他的府第。爱，虽然已经没有了相约的花季。走，却实在有太深的牵依。他对那些落魄寒士的结交，也是呈现了他矛盾的心理。他只是将那放舟江湖的梦想，寄托在一个一个他们的身上。在渌水亭中和友人们的雅集，也让他有身在江南的恍惚。

　　但，家毕竟是最多的归依。在和官氏的一天天渐厚的隔膜中，纳兰容若更多地走近了妾室颜氏。一个风华正茂的男子，怎会一季一季独饮清风？经歌也会让他时常安详，可毕竟没有佛心，他想在颜氏这里，唤起曾经的一些暖暖的回忆。不多，也许一点就可以，就可以布下一颗春天的种子，让他在寒风里蹒跚前行。

颜氏，是谁家的女儿，竟然无处知晓。也许是她并不太高贵的身份，让人们少了这样的一些尊重。但能入住纳兰府，成为掌家公子的姜室，绝非乡野俗流，定有相当的门第。容貌也一定娇好的她，总是安静地做着女红，安静地收拾着厅堂，安静地看着纳兰和卢氏的爱，安静地看着纳兰再把官氏娶进门，安静地为纳兰容若生儿育女，甚至安静地让人忘了她，安静地让人忘了她的来处，也安静地让人忘了她的归处。

她就这样安静地做她的姜，不短不长的分寸，不远不近的距离，把握得刚刚好。纳兰容若的欢，是她在身后浅浅的笑；纳兰容若的悲，是她在身后悄悄的泪。她就以这种安静的方式，守着自己的爱，不紧不慢，不卑微，不张扬。

她不是那个懂得为纳兰容若研墨的女子，更不是那个捧着书卷和纳兰斗茶的人。她的温暖，是烟火平常的温暖，为男人捧一碗羹汤，递一袭长袍，摇一羽扇风。淡淡一笑，走来，或是退去。她不懂纳兰容若，也不需要纳兰容若懂，因为她懂自己不会有太多的温柔，不会有太多的分担。她只安静地喜欢着，安静地听那脚步声走来，或是远去。这一安静，就是安安静静的一辈子。

颜氏的房间里，虽然没有一窗明月，却有家常的温柔。纳兰容若再高雅，也不是那不食人间烟火的男子，他总要到这里靠一靠，暖一暖，淡淡的，做一个梦。颜氏，虽然暖不了心，却毕竟暖得了身。那家的软软味道，在熟悉的角落里，让痴狂的梦可以栖息，可以有一个放松的懒散。稍稍眯一下眼，等一缕暖阳，或是一弯新月。

纳兰容若有时候也曾想，就这样如此和这安静的女子，安安静静地相守光阴，不悲不喜，这，倒是一个可以看得到的，安静的结局，如此，也好。要知道，日子有多少可以任由寂寞？时光有多少可以任由孤独？年华有多少可以任由悲伤？

可纳兰容若终究是纳兰容若，他可以忽略官氏，任她痴坐床头，任她在瓶中委顿，他却不能回避曾经，毕竟那里有他的最爱，有那三年生死难忘的年华。纳兰容若，总会时不时地想起那时，甚至斜靠着颜氏，偶尔也会唤错了那个名字。颜氏只是笑一笑，拍打着安慰纳兰容若的梦。

有时，竟然还和他一起回忆，说些那个女子的好。颜氏，是不能为纳兰疗伤的好，却是可以帮他止疼的女子。

> 丁巳重阳前三日，梦亡妇淡妆素服，执手哽咽，语多不复能记。但临别有云："衔恨愿为天上月，年年犹得向郎圆。"妇素未工诗，不知何以得此也。觉后感赋长调：
>
> 瞬息浮生，薄命如斯，低徊怎忘？记绣榻闲时，并吹红雨，雕阑曲处，同倚斜阳。梦好难留，诗残莫续，赢得更深哭一场。遗容在，只灵飙一转，未许端详。
>
> 重寻碧落茫茫，料短发，朝来定有霜。便人间天上，尘缘未断，春花秋叶，触绪还伤。欲结绸缪，翻惊摇落，减尽荀衣昨日香。真无奈，倩声声邻笛，谱出回肠。

——《沁园春》

纳兰读着自己的词句，泪水总是不自觉地流下来。这样的痴情，换来的必定是官氏的更加冷漠，她甚至会在一声冷笑里转过身去。颜氏不，她虽然也不知道如何劝慰，但会陪着纳兰容若一起流泪。她从不怨恨纳兰容若，却更觉得这样多情的男人，值得她安静地去喜欢。每一年的清明，和五月三十的祭日里，她毫无避讳，和纳兰容若一起，领着几个孩子到双榆树，去凭吊那个女子。在那荒草的深深浅浅里，伴自己喜欢的人一起悲伤。她听不懂男人在那里念的词，但她会安静地在那坟前，将那一堆纸钱点燃，然后，将那纸灰拢了再拢。最后直起身来，拢一拢自己的头发，和那个男人踏着野草，慢慢往回走。

人，一路行走，总是太在意了自己。纳兰容若，总叹那西风是他的凉，可这风，何尝不是颜氏的凉呢？或许不是金枝玉叶的身姿，让她少了那些娇贵，那风，也仅仅凉了她的衣衫。这风，也更是官氏的凉，她感觉到的更是一种强劲，凉了衣衫，也凉了肝肠。她归去的身影，也就如这西风一样，寂寞着，凉着，让人看不清依稀。

画船何处一竿收

　　人的心中，总有一程遥望，望大漠舞长风，望深山藏古寺，望孤帆远影碧空尽。那种锦绣的期待，一直在心里，只等那一次相逢的远行，了却夙愿。只是佳期如梦，却总那么遥远，只好寻一些寄托，来解心头的念想。写一些那里的诗词，翻一翻那里的书典，交一交那方的朋友，在意念里慢慢到达远方，那个可望而不可即的念想。更或许，一壶茶，泡他个反反复复，就算到了无色无味，也手把杯盏，恋恋不舍。也别说痴癫，许多人都有过这样的盼望，想一个地方想到心事迷漫成痛。

　　异乡盼故乡，故乡望他乡，那个心心念念的地方，总有许多的好。念了，心舒展；念了，梦才安。

　　纳兰容若，一生遥望江南，喜欢那里有山有水的景致，喜欢那里有诗有画的人文。他的北方，太凛冽，心中有雪的那个冬郎，他不仅爱那白的纯粹，他更享受雪慢慢融化时的，一抹流水的柔软。纳兰容若需要一个红湿处安放自己的情感，让融化的雪在那里汪一处清波，等一片云天，等一场春雨万竿竹，亦等一羽扁舟的长篙，点拨词心荡漾。那个红袖添香的离去，让他更爱了江南。他想，那个长大在南方的女子，他的卢氏妻，一定也是归了南方。冷冷的北风，本应该放手她的温柔。

　　颜氏的寻常，官氏的冷艳，让纳兰容若心事如风。忆念曾经，心事追随，痴情那一粒红豆，点点如血。

　　　　滴不尽相思血泪抛红豆，开不完春柳春花满画楼。
　　　　睡不稳纱窗风雨黄昏后，忘不了新愁与旧愁。
　　　　咽不下玉粒金波噎满喉，瞧不尽镜里花容瘦。
　　　　展不开的眉头挨不明的更漏。
　　　　啊！恰便似遮不住的青山隐隐，流不断的绿水悠悠。

　　　　　　　　　　　　　　　　　　——《红豆曲》

《红楼梦》里的这一曲，真似纳兰容若的情感倒流。

回忆是那样的虚化，岁月还是有太多的真实。案上的笔锋早就僵了，那洗笔的佳人呢？台上的古琴落满了灰尘，那弄弦的素手呢？窗外园子里落红遍地，可那葬花的哭呢？这样的悠悠情思，只有卢氏能来做，只有她来能做好。她曾在南方啊！那波光潋滟的好地方，才多有这样的玲珑心。冥冥之中，纳兰容若觉得他的她，就去了江南，就在江南。那里，必然有一场柳烟照水的重逢。

一台琴瑟的同唱，怎可以是这样劳燕分飞的枉然？真情可期不可欺。

纳兰容若在渌水亭对江南的探问，更多了别样的幽怀。好友们懂得，总是有意无意地说些那烟水远方的婉约，吟些那方的诗词潋滟。说些三月的扬州烟花，吴侬软语的苏州，断桥曲折回环的西湖。说到绍兴的沈园，总使纳兰沉思不语，因为那里有陆游和表妹唐婉的那两首《钗头凤》。纳兰容若曾经有些不喜欢陆游，菊枕还香，蘸着表妹研的墨写就的《菊枕诗》，字香还晕染，却已经是鸳鸯两分。更不该再相遇，他还写下那依恋的词，让爱的人抱憾而亡。不过，能让他安慰的，陆放翁倒是个长情的男子，一年一年，常常独自徘徊在沈园。四十年后，又到那里，依然还写下真心的感慨：

> 枫叶初丹槲叶黄，河阳愁鬓怯新霜。林亭感旧空回首，泉路凭谁说断肠？
> 坏壁旧题尘漠漠，断云幽梦事茫茫，年来妄念消除尽，回向蒲龛一炷香。
>
> ——《禹迹寺南有沈氏小园》

又八年后，七十五岁的陆游，在唐婉去世近四十年后，写下了《沈园》两首绝句。从此住在沈园附近，逢春时节必去园中凭吊那段情感。在他去世的前一年，还拖着病弱的身体，再探沈园，并写下了《春游》：

> 沈家园里花如锦，半是当年识放翁。

也是美人终作土，不堪幽梦太匆匆！

诗词风流的文人墨客着实不少，浪迹情怀，浮华爱心的却更多。动情处，缠绵无限，一转身，只抛下一首相思词，让一个女子痴痴地相思，误了如花的青春。的确，能如陆游这样痴念初心的男子，不忘情不欺情，实属凤毛麟角了。

表妹两字已经足够纳兰容若叹息，而且陆游和唐婉两人也恰恰三年的婚姻，这更触动了纳兰容若。他相信，江南一定有那念想中的相遇，那该是唐婉一样的女子，从江南的丝竹调里走来，着一袭江宁织造的云锦，二十四桥明月一样的姿容，西湖柳一样的腰身。他不说错，错，错；她不说难，难，难。没有莫，莫，莫；不必瞒，瞒，瞒。

好友顾贞观说，那女子叫沈宛，真的可比沈园里的唐婉，只是家在乌程。乌程，一个因了乌、程两家善酿米酒得名的小镇，自然是一个小醉怡情的去处。却让许多人想象，那是一个水路迤逦的所在，摇了乌篷船才可到达的地方。那里，就是一个乌篷船的距离。

沈宛，字御婵，一个懂得琴棋书画诗酒花的女子。身为艺妓，水洗的年华，却掩不住蓝天白云的心志和情操。在轻歌曼舞中，写下一阕阕水湄小语，她将自己的集子叫着《选梦词》。的确，在她那个"一片冷香"的歌妓生涯里，"唯有梦"才是最美丽的寄托。男子的梦，未必有一个女子，而女人的梦里，必定有一个男人。身在山清水秀之间的沈宛，总是遥望北方，遥望那座帝都，她不是倾心那里的富贵繁华，她在遥望一座小小的亭台。为了生活，琵琶弦上唱流年的沈宛，最爱的还是笔墨。她特别倾慕纳兰容若，一本手抄的《饮水词》，总在她的床前案头，轻轻地吟，慢慢地唱，唱着她的江南。她梦里的最美，是在京城的渌水亭里，唱给那个词间少年郎，只是短短的一阕也好，从此是她一辈子的明月晴天。

小小的梦，小小的奢望，在小小的心里。

沈宛的北思，纳兰的南望，一定在同一个夜里相遇过，才有了醒里的缘。沈宛唱一曲纳兰词，就似近了一步京城。人在天涯，却已是触手如真。

她可是唐婉错失陆游的来世情？他可是陆游长情沈园的今生梦？

那年，沈宛初遇的，却是没了仕途之心的顾贞观，她唱的，就是一阕纳兰词。当她得知顾贞观是纳兰容若的忘年好友时，心便生出了一池春水的荡漾。那一天，她唱的，都是一曲曲纳兰词。夜里，她对月不能成睡，写下了一首小词：

> 黄昏后。打窗风雨停还骤。不寐乃眠久。渐渐寒侵锦被，细细香消金兽。添段新愁和感旧，拼却红颜瘦。
>
> ——《长命女·红颜瘦》

她装一纸彩笺折叠成花含苞的模样，交给第二天的顾贞观。她说，不为相见，只一个梦的倾诉。

那彩笺，当是薛涛笺。邦以浣花溪水，木芙蓉的皮，芙蓉花点缀而成的小小彩纸，是诗词女子的最爱。虽然是写愁，但难掩点点激动，那十种颜色里，她还是选择了薛涛一样喜欢的快乐红。或许，粉红，太艳，也就注定了不能长久。沈宛也就和薛涛一样，短短的欢之后，是长长的寂寞。薛涛将一切了结于一袭道袍。而小小的沈宛，却淹没于江南的烟雨里，不见影踪。世间相思，原来总是如此不够完美。

一代一代女儿来去的南方，也就有了一季一季的女儿颜色，最是相思悠悠。

当那彩笺，在纳兰容若的掌中，花一样绽放的时候，他就似立身于江南。那里，回眸一笑的，正是心念里的女子——悄悄远去的表妹，轻轻走来的卢氏。一弯小船，一把雨伞，水波妩媚。

作为词才倾国的纳兰容若，为女子们仰慕自是情理之中，但他都不曾有所回应。可他从沈宛的词里，不仅仅读到了情愫，竟然还读到了自己曾经的心跳。在顾贞观面前，他毫不掩饰对沈宛的喜欢。江南若她，她是江南。

沈宛的词，曾有多首收入康熙年间刊印的《众香词》中，其才情深为世人认可。谢章铤曾在《赌棋山庄词话》中说道："容若妇沈宛……丰神不减夫婿，奉倩神伤，亦固其所。"

对于如此有才有心的女子，纳兰容若也及时给予了回应，他折纸成鹤，寄往了江南：

> 十八年来堕世间，吹花嚼蕊弄冰弦。多情情寄阿谁边。
>
> 紫玉钗斜灯影背，红绵粉冷枕函偏。相看好处却无言。
>
> ——《浣溪沙》

曾经迷蒙的遥望，曾经幻念的想象，忽然有了如此真实的期待。好多年，好多年，他没有过这样的心跳了。他仿佛回到了少年那时，那时初见。

江南，纳兰容若去过，又去过，可扈从康熙，那都是匆匆的来往。侍卫的职责，让他无法分神，更无法分身。不要说去见那乌程的女子，好好听一院的雨打芭蕉都没有可能。这，不是他惦念的江南。

既然命里注定有的缘分，那就有早晚的邂逅。那一年，康熙再南巡，让纳兰先行前往。预设好皇帝的行止起居，他终于有机会可以静下来，多看几眼江南。这一看，竟然就是十首江南好的《忆江南》：

（一）

江南好，建业旧长安。紫盖忽临双鹢渡，翠华争拥六龙看。雄丽却高寒。

（二）

江南好，城阙尚嵯峨。故物陵前惟石马，遗踪陌上有铜驼。玉树夜深歌。

（三）

江南好，怀古意谁传。燕子矶头红蓼月，乌衣巷口绿杨烟。风景忆当年。

（四）

江南好，虎阜晚秋天。山水总归诗格秀，笙箫恰称语音圆。谁在木兰船。

（五）

江南好，真个到梁溪。一幅云林高士画，数行泉石故人题。还似梦游非。

（六）

江南好，水是二泉清。味永出山那得浊，名高有锡更谁争。何必让中泠。

（七）

江南好，佳丽数维扬。自是琼花偏得月，那应金粉不兼香。谁与话清凉。

（八）

江南好，铁瓮古南徐。立马江山千里目，射蛟风雨百灵趋。北顾更踟蹰。

（九）

江南好，一片妙高云。砚北峰峦米外史，屏间楼阁李将军。金碧矗斜曛。

（十）

江南好，何处异京华。香散翠帘多在水，绿残红叶胜于花。无事避风沙。

从望族之地的乌衣巷，到"丘如虎蹲"的虎丘，岁月深处多少英雄豪杰。在驻足可煎名茶的二泉听泉，下马在"维扬一枝花，四海无同类"的琼花边观花，看不尽的名水佳卉。有历史，有文化，有风景的江南，让纳兰容若的喜欢一泻千里，连说一串江南好。

好的去处，更有好的邂逅。一叶乌篷船的飘摇，纳兰容若终于见到日思夜想的沈宛。沈宛连唱几曲《忆江南》，让纳兰容若知了她正是梦里的那个女子。

有的人，守一辈子，也是陌上客；有的人，初相见，却就是掌心的潮热。

他们的江南，所有的路上烟尘，都已经成了窗前的轻雨微风。

山，不屑嶙峋，溪流叮咚而来，不浪不涛。

水，不肯澎湃，画卷徐徐展开，轻墨淡彩。

这山水间，惹谁不经意滴一点浓红，却也会倏忽化开去，晕成沈宛腮边的羞红，让纳兰容若的伤感有了想栖息的留恋，生出一种甜蜜的慵懒。画舫中对坐，香茶，换作了美酒。此时的茶，太彬彬有礼，太温文尔雅，已经不合时宜，酒中，才能听到彼此的心跳，才能吐纳相互倾情的幽怀。寻梦的她，有梦的他，同醉一杯梦里的摇曳，同吟一曲梦里的柔肠。月似水，水如月，水月两柔美。月如船，水无岸，水月两飘摇。

失去的，不必刻意背负；抉择的，就要真心以待。那一刻，与词间的女人相望，恍然明白自己蹉跎了多少好时光，日子本应该是这样的无限明媚。她团扇呼风，他举杯邀月，是一首词上阕和下阕的红绿互应，是一曲前一段与后一段的风月无边。

错过，是一生绵延的债，要用多少光阴来等待

相逢，是一种宿命

绳缆已经解开，无橹无桨。江南，两个灵魂的漫游，不知是谁对谁前生的一句许诺？

丝雨如尘云著水

诺言，是一粒种子，只有适宜的季节，才能有未来。其实，它也是两个人的守望，待到春暖花开，相约的人却不曾来，终究还是不能结果。一诺千年，不知辜负了多少青春。就说那人人皆知的，胶东王刘彻金屋藏娇的誓言，最后也不是成了，陈阿娇长官门外的离离荒草。乾坤未定，一切都有变数。人生对错，情感爱恨，身世荣辱，都是岁月难以预料的打磨。就像一溪水的跌宕曲折，所有的诺言都无能为力。

莫许相遇一个明天，莫许相别一个来生。你不负时光，时光未必不负了你。奈何桥上一碗汤，谁还记得三生石畔的蝶恋花？一岸是守望，一岸生谎言，红尘也就这样翻滚着悲欢离合，日夜向前。

悲一段曾经，欢一段当下；离一程旧情，合一程新梦。不必指责人性的轻薄，唯有今天，才是实实在在的理由。天不老，情绵绵。

江南，是纳兰容若的梦，其实是对爱的痴情，是给心找一个虚无缥缈的寄托。天堂太远，爱的人就该归于那曲桥柔水、粉墙黛瓦的吴越之地。梦在那里，她在那里。

纳兰容若曾在给友人顾贞观的信笺中写道："倾闻峰泖之间颇饶佳丽，吾哥能泛舟一往乎？""又闻琴川沈姓有女颇佳，亦望吾哥略为留意"。他对那个南方女子的探问，还不过是泛泛而谈。然而，当一本《选梦词》放在案头的时候，他，恍然入梦了。而江南的真正相遇，沈宛案头的文房四宝，心中的琴棋书画，让他相信她是他爱的人的来生。他，绽放了年轻的痴狂。她，绽放了妙龄如花。

纳兰容若和沈宛对望相坐，任画舫无主地漫游，就算没有日夜，就算滑过春秋。水波如诗，烟雨如画，是窗外的轻吟漫卷。沈宛开一坛女儿红，斟满两杯。那酒是父亲生前珍藏的，是为了女儿最美的那一刻准备的。此时的沈宛从那琥珀光里，还看不清未来。是的，一个歌伎，她又怎么能看清自己的未来呢？但她看见了此时最美的自己，看到了那个人的痴心悠悠。两杯酒，一杯敬容若，一杯敬自己。十八岁，她说她已经懂了女儿红酸、甜、苦、辛、鲜、涩的六味。她托了自己的腮，幽幽地问纳兰，问他是否也能懂这女儿红的滋味。那一刻的纳兰，从那清澈的眼神里，看到的竟然不是江南烟雨，看到的是一双曾经的眼睛，一双可以照耀他灵魂的眼睛。那里，有他自己，还有那个她。

一坛去湿驱寒的女儿红，不是本草，却似药酒，也正好疗纳兰容若的伤，让他阴郁的心，那一刻，有了江南的明媚，有了几许洒脱。杯酒之间，说起了超然物外、不媚权贵的竹林七贤，这也是他极尽追随的魏晋风流，只是，他们太遥远，遥远地折叠在历史深深的册页里。没有名士又何妨，谁又说这江南的女子不风雅？低眉有风物，举杯知九州。

沈宛，好似蜡染的印花布里，包裹的一把龙泉剑，柔刚都妩媚，情胆两晶莹。这，都是南方的经典。她又似那紫砂壶里，泡的一汪龙井茶，冷和热皆为吴越上品。

纳兰容若是一个痴情的男人，那么多年，他以悼亡为日，他以思念为月，从没有将心再交付给谁。薄情，才会轻易。可是，他再也无法拒绝沈宛。她，是他情感里的致命一击，深深洞穿他的流年。他也曾午夜醒来，望着竹影遮挡的星空扪心自问，此间的江南，可是京城情感的背叛。他的心在波浪的轻轻摇曳里，悠悠荡漾。当晨曦中的鸟鸣叩响门扉，纳兰容若又无力回答自己。荷花深处的鸳鸯，那交颈的呢喃，恰恰正唱响美好的一天。也罢，不管这风将画舫吹向南方还是北方那都是宿命，是梦里的缘。

掌心里的劫，太过纵横交错，自己也看不透，看透了，自己也不能把握。想那《红楼梦》里的贾宝玉，爱着林黛玉，却娶了薛宝钗。原本红尘滚滚的身子，却原是佛界朗朗的心。一曲缭绕的经歌，收尽红楼迷蒙的粉尘，让后人云里猜，雾里想，是说不完的唏嘘。看似简单的对错，却是烦琐又烦琐的命理纠葛。

聚，是一种散，散，是一种聚，都难逃了聚散情怨两枉然。

沈宛也爱，虽然沉浮在欢乐场中多年，也不泛追逐示欢，可这毕竟才是她的芳心初动。可她爱得忐忑，爱得迷茫，毕竟自己只是一个歌伎。她多希望纳兰容若就是她这棵浮萍可以寄心的厚土，从此安守墨海书香。渌水亭畔，写同一首词，无悲无冷，亭水情深两相依。那里，就是他们京城的江南，江南的京城。他乡是她乡，她乡在他乡。

少年那时，情心未已，都有选择梦境的理由。

江南，那里山水相亲，那里红绿交融，是遍地爱情的地方。

断桥上的油纸伞，成就了一段凄美的人妖恋。金山寺可漫，雷峰塔可倒，爱，却依然有那伞在等待。戴望舒的惆怅，绽开成了小巷那头的几枝丁香，似近又似远。

沈园老了，《钗头凤》却不老，多少男女，牵着手，读那残壁上的悔恨，来警示自己，不留下梦游沈家园的悲情："城南小陌又逢春，只见梅花不见人。玉骨久成泉下土，墨痕犹锁壁间尘。"

"妾乘油壁车，郎跨青骢马。何处结同心，西陵松柏下。"那情意切切绵绵的唱，还回荡在西泠桥畔，一座坟茔，了结不了自己的心。

秦淮河畔，擅画兰的马湘兰，为才子王稚登守真余生，舞尽情感而去。

"梅妻鹤子"的林逋，这个名闻天下的大隐者，有谁知，他竟然是为爱而隐。一砚一钗，生死相依。多少相遇，惊艳了时光；多少错过，惆怅了岁月，都以爱的格调在那水乡泽国，悠悠千年。

纳兰容若和沈宛，就相遇在这里，一切，都在意料之中。一天又一天的对酒当歌，他们已经忘记了日起月落，总渴望一天就是一年的长度。只是，再长的相逢，还是要告别。帝王的一声诏令，纳兰容若不得不整理戎装，返回京城。告别，是那么匆忙，没有相拥，没有誓言。沈宛只默默地，将一台歙砚，一方徽墨，一支湖笔，一刀宣纸，放在船头。不说有期待，却又有多少期待啊，新的砚墨，新的纸笔，何不是愿那心上人写下千里的相思。手还挥动着，却刹那间就已经是天水茫茫了。

的确，他们没有承诺，他们怕那承诺比这山水更长，一去，就是一地的落花，又伤了那独自葬花的人。一去，就是一路的风沙，又伤了找不到归程的人。北方的皇都太富贵，富贵得就像天街帝的楼宇。南方的小城太烟雨，烟雨得若有若无。情感的长途上，是说不尽的意料之外，多少走了，再没有回，多少回了，又不见了等待。

再美的誓言，都不及两人深情如一的回眸。他在，她也在，这才是春天。

沈宛，更忐忑一些。她觉得，此一去，也许就是海角天涯。毕竟纳兰太才华惊世，更何况是清廷豪门的翩翩佳公子，她只是一个汉家柴院里的小女子。那短短的相见，也就是一场梦而已。原本不想醒来，可终究醒来，醒来怕就只是水中月的虚无。其实她已经很知足了，一个普通的女子，一个尘烟里的歌伎，能有多少梦呢？一时的身边热闹，又哪有喜欢的遇见呢？等红颜老去，也许是，"老大嫁作商人妇，门前冷落车马稀"。沈宛，那些梦，选来选去，却在她最好的年华，遇见了纳兰容若。这已经是最好的梦了，足够她一生珍藏。就像琴操遇见苏东坡，从此青灯古佛，虚化一生。听苏学士在她身后，念那首《寻春》：

> 东风未肯入东门，走马还寻去岁春。
> 人似秋鸿来有信，事如春梦了无痕。
> 江城白酒三杯酽，野老苍颜一笑温。
> 已约年年为此会，故人不用赋招魂。

纳兰容若一定会写一首关于她的词吧，也刻一块碑，好让她飘荡的心魂有一个安稳。

沈宛，在南方的画舫中惆怅着，总以为我爱的人是身后寄情的那个人，她不曾料到，她才是那个未亡人。不久两人京城小聚，却又无奈分手，待她再回首，京城外多了一座新坟。天下文人祭词篇篇，却无人知晓她在哪里哭泣，没写诗，更没刻碑。难道，情到深处真的无言？

其实，纳兰容若更决绝一些，自从初相遇，就认定了沈宛，没有一切一切的杂念。惠儿表妹走了，妻子卢氏故去，颜氏的朴素，官氏的冷艳，让他明白沈宛就是那梦里的红颜，是不容错过的词心。错过了，就似春风错过了牡丹，无香；就像夏雨错过了莲荷，无格；就像秋色错过了菊花，无心；就像冬雪错过了梅花，无望。

错过，是一生的债。他可以用思念偿还青梅竹马，他可以用泪水偿还真爱结发，那么，他还能拿什么，来偿还南方这梦里的牵挂？

情已经让他筋疲力尽，他，已经没有力气再错过。

纳兰容若是一个多情的人，更是一个真情的人，绝不是元稹的一路行走一路爱。他的爱，一段是一段的寄托，一段是一段的续断。两小无猜去了，他大病一场；结发妻子去了，他佛前守情三年，更是多年无心无欢，踉跄人生。遇了沈宛，痴心江南，别无所示，也终致命归碑石，潦草而去。

纳兰容若，也曾想留在柳烟竹影的南方，让余生留在如画的波光里，再多一段爱情的传唱。可他一颗心，还不是放荡不羁的叛逆。帝王的忠，父母的孝，使他还是在传统的习俗里跪着他的双膝。

独客单衾谁念我，晓来凉雨飕飕。缄书欲寄又还休，个侬憔悴，禁得更添愁。

曾记年年三月病，而今病向深秋。卢龙风景白人头，药炉烟里，支枕听河流。

——《临江仙》

一路向北，凄风冷雨，又因相思难寄，纳兰病倒在深秋如霜的归程里，伤感地听着拍打船舷的水声。

纳兰容若的寒疾，总会在年年倒春寒的季节反复。这次旧病复发，竟然是在秋天，一切都是因了南方的那一场相思。在这不南不北的旅途里，让纳兰容若感受到了从没有过的孤独，他忽然觉得，这竟然是自己命运的写照。家难爱，情难守，繁华中是不尽的落寞，富贵中是无边的清寒。那些渴望的温暖，总是擦肩而过，没有长久的相伴，唯有自己的影子，是偶然的私语，更多的时候，他连自己的影子也看不见，只能独对着虚空潸然泪下。

她，又将是他的过客？好似那帘门前的一缕清风，只撩动帘影的微微荡漾。他，又是她心中的浮萍？就像那漏窗外的一米阳光，只从那格漏里洒点点碎梦。相思容易，相守难，多少芳华不堪情感蹂躏，都成蹉跎，写下伤春悲愁的万千怅惘，成诗成词成文章，一卷一卷惹人空嗟叹，更叹相思苦。知了相思苦又能如何？芸芸众生总在不尽的情中痴癫，前赴后继奔向相思，心甘情愿饮自己一杯一杯的泪。

才高如许的纳兰容若，何尝不懂？然而他却在情海里，一痴再痴，一傻再傻，将自己泡成一身苦药的味道，百年又百年，也散不尽。

江南的水，足够辽阔了，却也散不尽纳兰的爱，一泡，就是生死的相思。病痛里，生生唤。

> 暮雨丝丝吹湿，倦柳愁荷风急。瘦骨不禁秋，总成愁。
> 别有心情怎说，未是诉愁时节，谯鼓已三更，梦须成。
>
> ——《昭君怨》

瘦骨难奈秋风的招惹，生出多少惆怅。心中的别情该怎样说起呢，也只有寄予梦里了。

盼着归去，可归去何时。情绵绵，意切切的江南，多少云烟望不尽。

那里叫着乌程，那里是沈宛的乌程。乌程，一尾乌篷船咿呀为唱的水路人家，几波几浪，几弯几绕，才能抵达。

以水为路，也许就注定了飘摇。也果然飘摇不定，云烟里来的相思，也终于归于相思的云烟。

情，是穿肠的毒药，一饮即断肠。相和，是水乳交融；相离，是肝肠寸断。命运的确不能一一成全，让多少断肠人，在红尘里苟且独活，不说爱，不碰情，素饮时光，斋吃年华，无色无味，如断根的荒草，任日月翻晒，枯成尘泥，寄给来生。来生可有花前月下的相知与相悦？未知更无望，青冢葬那未了的情，最美的，也不过是舞成一双蝴蝶。若是真的两两相忘也好，最不堪，是一个还记得前生，一个已经了然今世。那栖息在肩膀上的红蜻蜓，只能用它万千的眼，默默地看那咫尺天涯的脸。

苍茫人生，总有听不完的逦歌。长亭冷，古道寒，饮尽一壶酒，山重水复，一别，怕就是天涯海角。

点滴芭蕉心欲碎

人生如戏，谁能预料那戏里的章回，谁能知了章回里的曲折。

我门外闲若云影的过客，也许是你耄耋盛宴间的座上宾；你路途中云淡风轻的擦肩人，或许就是他三炷香前的结义情。花开时的那些爱，却成了落叶时的那些恨；日出时的那些情，却是日落后的那些愁。多少参差的悲欢，多少跌宕的离合，没有定数，无处可猜。原以为长亭外的送别，是天涯海角，一转身，成了年岁里的天长地久；总以为短亭中的相拥，是执子之手的长情，然而却是那握不住的一缕薄云。长和短里，论不了短长。

十指的沙漏，真的握不住什么，一切是缘中的水，一切是缘外的风。奈何桥五级的青石台阶，已经了断了多少爱恨。望乡台上看一眼，任谁有回头的借口，却难有再回头的机缘。散了，离了，各奔东西，各有来生。哪怕还持有爱的信物，可谁还识得旧时的情怀。更何况顽石化良玉，早已物是人非。

古墙边，青苔蔓生，院里老枝，落石板路上一地落花，惹人惆怅满怀。几生几世的许愿，才能赢得今日的相遇花开，甚至是邂逅花落。

相遇成欢，那是无上的圆满，相遇又伤，又何必相遇。难不成，只为将短痛续成长痛？又是那说不清楚的短长。

纳兰容若和沈宛江南的相遇，是实实在在的两情相悦。分别的时候岸草正染白露，那一池的秋荷，那一船的秋月，让沈宛感觉到了秋风的味道。那种无言的挥别，是一种虚伪的坚强。那种淡定中的惊慌失措，就像菊花面对霜寒，用绚丽的色彩来掩饰痛苦。一转身，却已经悲伤得花容失色。没有谁劝慰，只能独对一方秋水。摇曳的光影里，她看不清自己，但能看到那个梦。有梦就好，还可以轻轻安慰。

女子，最耐不住凋零。哪怕正是芳华，也没有多少光阴可以轻易抛却，一转眼，芳菲满枝就是荒草连天。八十岁还哭当年的陆游又如何？也唤不回更断肠的唐婉。心有相思又如何，林黛玉也只能在"侬今葬花人笑痴，他年葬侬知是谁？"的声声问里，顾影自怜着，一念成灰。一场绝无仅有的明朝迎亲盛事又能怎样，不过是一个狡黠的谎言，还是没能给寇白门一个完美的归宿，任她再次流落为歌伎，让人"亦自叹美人迟暮，嗟红豆之飘零"，终致抱病而亡，只不过换来东林领袖钱谦益的一首悼念：

> 寇家姊妹总芳菲，十八年来花信违。
> 今日秦淮恐相值，防他红泪一沾衣。
> 丛残红粉念君恩，女侠谁知寇白门？
> 黄土盖棺心未死，香九一缕是芳魂。
>
> ——《寇白门》

芳魂何益，敌不住红尘里与君对坐的半寸光阴有滋味。

也许，沈宛有全身而退的机会，那么多追求的笑脸都在门外等候，她只需一个一低头的温柔，就是一段又一段的风花雪月，美艳着江南，传唱着风雅。或许，有一天，嫁给风，嫁给雨，和万千的女子一样，无声无息，在凋零中慢慢老去。沈宛却不想，因为纳兰容若是她最美的一个梦，怎能轻易舍弃。她就要嫁作平仄有韵的词间女子。那里，她才会永远不老，就算老了，也是一首芳香的词。纸色，可以黄旧，墨色，可以淡去。曲调，却是看一眼，就让人心生情愫的忆秦娥，在一卷又一卷的经典里，等人吟咏，然后，再说一说她和他的美丽邂逅，那时的江南。

爱了，即使做不到义无反顾，也不要给退却一个轻易的理由。真爱，哪会眷顾朝三暮四的灵魂？无雨的地方，就没有荒草萋萋。那些传唱的鸳鸯之欢，的确大都荡漾着泪水的涟漪。悲，常常是喜的润泽。

沈宛在一天天的怀念里，挺着相思不肯委顿。她在每一个时刻，都倾听着桨橹之声，渴望那个他，就像一个桅杆，在某个黎明为她扬帆而来，迎接她的满天朝霞。当一缕一缕晨光老成了暮色，她也不肯失望，静静地着一袭夜的披风，等待又一片曙光。纳兰容若的北去轻舟，虽然像下弦月渐渐消瘦，淡去如烟。可上弦月毕竟会慢慢丰盈而来，或许，就能是他们一个月满画舫的中秋。在熟悉的呼吸里，听他再说忆江南，静静地，吮一碟黄泥螺，等那桂花开。

北风吹来的风，总是一天比一天凉，沈宛不得不加了衣裳，但依然站在船头，手中的油纸伞高举过头顶，不为了避雨，也不为了遮日，只为让他能够远远的看见。那是她的他，懂得的颜色。亭亭玉立烟雨，那就是她的本命青花瓷。

晴天里还好，相思还能望远，多一个长长的期待，若是逢了阴天，目光就没了着落。梦，是一个晴日的轻舟，现实，却是一棵雨中的芭蕉，乱了一窗的等待。

> 秋山不可尽，秋思亦无垠。
> 碧涧流红叶，青林点白云。
> 凉阴一鸟下，落日乱蝉分。
> 此夜芭蕉雨，何人枕上闻？
>
> ——《宿洞宵宫》

又是林逋，这位善绘善书善诗的大隐者，其实写了许多的思念，却总被人误为游戏情怀之作，并无真实可以寄心的女子。一端砚，一玉钗的随身而葬，才让人懂了他比常人更长的相思，一夜的芭蕉雨，听湿了多少人的枕上闻？隐世，原来只为隐情。一颗看似超然的心，却原来在那滚滚红尘里，夜不能寐。

纵横千古，谁是那个了无情趣的他？问了也是白问，没谁能给一个答案。所有的诡辩，也只能是一个自欺欺人的谎言。听的不信，说的也不信。只有风，裹挟着落叶，在长街上寻找着一个站不住脚的理由。也许，那被人遗忘的角落，才是它们的归宿。只要脚步到达的地方，就有爱。

江南多雨多芭蕉，也自然多情，秋日里听，更多惆怅。南方的沈宛听湿了枕，北方的纳兰容若，可否听湿了梦？

有情的女子惹人爱，有梦的女子让人恋。一路北去的纳兰容若，惦念着沈宛。终于，相思成疾。

此时的纳兰容若，就像这孤独的船，无岸可靠，缆绳无处可系，只能在寒疾里听雨。没有芭蕉，胜有芭蕉，他能听懂，也能听到南方的夜雨。此时不一样的倾听，却是一样的想念。复发的旧病，让他冷到骨髓里，在疼痛中瑟瑟发抖。好在南方吹来的风，总是暖一些，让他坚持着向北踽踽而行。还有那半壶女儿红鼓舞着他，缓解着向内里侵蚀的寒气。他多想早一天抵达京城，三步并作两步地赶回纳兰府，把江南的爱情告诉父母，好让他们，许给他和他的她，一个鸟语花香的未来，四季如一。

半生烟雨的父母，一定比他更懂得爱情。

一切，出乎纳兰容若的意料，父母义正词严地拒绝了他。清初的纳兰明珠，对于汉学文化的引领也许是真心的，也指引着纳兰容若沿着这个路子行走，但似乎又是一个叶公好龙似的喜欢。特别对于满汉的爱情，严格地持守着他们部落的清规戒律，只有他们，才是高贵的血统。江南，只是浮浪的山水，永远无法匹敌他们猎猎长风的漫卷。也难怪，身为汉家女子的沈宛，已经足够使明珠心事难堪，更何况她还是一名欢场中的歌伎。

没有誓言，却要用誓言一样的韧性，坚持自己的感情。纳兰容若，一边抗争着，一边调理自己的旧病。他相信在健康恢复的那一刻，他和沈宛会有一个柳暗花明的将来。没有，纳兰明珠对儿子更加苛责了，甚至奏请康熙，不再让纳兰容若随驾南巡。纳兰容若，太重情感了，不管对谁都想温柔以待，总怕伤了别人，而最后受伤的，都是他自己。他没有争辩什么，只是独自地喝着酒，那酒，已经不是沈宛的女儿红。北方的酒，总是那么狂烈，让纳兰的寒疾愈发地抵近心脏。他多想把自己喝至彻底地糊涂，忘了那片山水，忘了那个女子，甚至忘了父母，和那位大清的帝王。让他不懂得日月，不懂得爱和恨，木然地茕茕在风中，笑看世人，也让世人笑看。

他说："人言身后名不如生前一杯酒，此言大是。"

没有爱，那颓废时的叹息，也让人如此心疼。多少坚硬的心肠，终是那一夜芭蕉雨。多少名士风流，都留下声声叹息。

韦应物说："秋草生庭白露时，故园诸弟益相思。尽日高斋无一事，芭蕉叶上独题诗。"

张说说："忽惊石榴树，远出渡江来。戏问芭蕉叶，何愁心不开。微霜拂宫桂，凄吹扫庭槐。荣盛更如此，惭君独见哀。"

李益说："无事将心寄柳条，等闲书字满芭蕉。乡关若有东流信，遣送扬州近驿桥。"

芭蕉，成了愁心可寄的书笺，成一封封乡愁，成页页相思。就连那个"为君、为臣、为民、为物、为事而作，不为文而作也"的白居易，都在芭蕉下哭了：

> 我有所念人，隔在远远乡。
> 我有所感事，结在深深肠。
> 乡远去不得，无日不瞻望。
> 肠深解不得，无夕不思量。
> 况此残灯夜，独宿在空堂。
> 秋天殊未晓，风雨正苍苍。
> 不学头陀法，前心安可忘。
>
> ——《夜雨》

不见芭蕉，却又泪打芭蕉，简妙的表白，更让人感动于他的思念。千年之后的纳兰容若，在他北京的皇城，不见芭蕉，也闻雨打芭蕉。心中有江南，又怎会不写满一叶秋风？

> 风鬟雨鬓，偏是来无准。倦倚玉兰看月晕，容易语低香近。
> 软风吹遍窗纱，心期便隔天涯。从此伤春伤别，黄昏只对梨花。
>
> ——《清平乐》

一曲梨花殇，听者早断肠。当年，卢氏病故，纳兰容若苦守灵柩三年，佛前寄情，如痴如癫，失心不语，让纳兰明珠苦不堪言。多年之后的纳兰容若，再次为爱痴狂。

痴，自有痴的境界；癫，自有癫的胸怀，惊鸿一瞥的美，就是那生生世世。不管别人懂不懂，纳兰容若认定了的，就是不会辜负的前程，任那千帆过尽。

千帆倏忽的江南，沈宛一直也期待着那一羽云影，日夜的守望，也惹出长长的叹息：

> 白玉帐寒夜静。帘幌月明微冷。两地看冰盘。路漫漫。恼杀天边飞雁。不寄慰愁书柬。谁料是归程。
>
> ——《一痕沙·望远》

水岸边，一抹沙痕，是心迹拍打的期待，曲曲折折，起起伏伏。赤脚走在那里，去感受秋水的渐凉。凉也不惊心，依然望远。只是锦书不见，归程无期，谁不憔悴？

纳兰容若也憔悴，素笺如云月，写满了多少春风的相思，可他不想托付给信客，怕他们太草率，承载不了这份真情，误投在尘烟了，没有一个完美的到达。他更怕一封信，会更惹了沈宛的不安，让他在远远的江南，背负更重的想念。拆拆叠叠的信笺，也将纳兰容若的心，一起揉出深深的皱褶。

看到日渐虚弱的儿子，明白那是真正的沮丧。纳兰明珠还是心疼了，一声长长的叹息，表达了无奈的退让。纳兰容若的心有了一分释然，他不顾重病，就翻身上马，一转眼，踏起了城门外一路滚滚的烟尘。看见了水，就似看见了江南，纳兰激动起来，码头边飞快地解开缆绳，心中，早是轻舟已过万重山。他愿意抛却锦衣玉食，和沈宛结庐水湄，竹篱疏影，蜡染光阴。一杆长篙，一叶扁舟，舒卷水墨江南。

当然，不可没了茶，不可没了酒，不可没了诗词，这是，他们一辈子的月光。在这朦胧里初遇，也要在这朦胧里执手徜徉。

其实，纳兰明珠只默许了儿子一个花开，却没有应允一个结果，这段爱情，注定就是一个无言的结局。曲终人散去的时候，却不见了唱主角的红男绿女，空留下冷清的戏台，等又一场悲欢离合。

烟雨的江南，梦的江南，有情，才更伤了许多情。相思让人老啊，流年里，听不完的芭蕉雨。一颗红豆，结了，却是泪，红了，却是碎。许一个愿，风不守信；等一个梦，云又失约。藏了又藏的女儿红，十八年的等待，却只能独自芬芳，散尽青春。青丝成白发，也不见兰舟，在寂寞里，听那雨中的三昧：

> 少年听雨歌楼上，红烛昏罗帐。壮年听雨客舟中，江阔云低，断雁叫西风。
>
> 而今听雨僧庐下，鬓已星星也。悲欢离合总无情，一任阶前，点滴到天明。
>
> ——蒋捷《虞美人·听雨》

多少红尘情事，渐听渐稀疏，渐听渐无声，不惹帘窗，归于了然。其实，多少人忙碌一生，更在雨中匆忙行走，何曾在意了那声声淅沥？不懂得点滴。

懂雨的人，才不枉一生。每一场雨，都是一段情，一段悟，一程归结。

男人有男人的雅量，女子有女子的担当，不管是怎样的落幕，都会是让人百读萦怀的《如梦令》。纳兰容若，是北方的幽兰，色不艳，香不浊。"气如兰兮长不改，心若兰兮终不移"，他为爱而生，他为情而在。沈宛，是南方的莲荷，卓尔不群，"出污泥而不杂，濯清涟而不妖"。她为心守志，她为真守节。同为草性的温柔品质，就成了水和岸的亲密相思。

十年踪迹十年心

　　许多的遇见，都不是意料之外，那是人生必需的一级一级台阶，一程一程路途。欢，是必须有；悲，是必须有；草，是必须有；树，是必须有。正是这些相遇点点，勾画成命运的射线。在每一个长度单位的距离里，刻度清晰地标注着流年碎影。一回望，就是万千感慨。和一杯茶对坐的福气，和一米阳光相望的温暖；等一朵昙花夜里的清梦，听紫茉莉在门前唱晚霞里的炊烟，还有木槿花，正轻轻滑过她的肩头。还记得霜的薄光初染窗前，谁在菊篱外，念叨童年。芦花的乡愁翻飞，又迷了谁的泪眼？最难忘的还有爱情，没有握手的告别，一转身却是经年。总以为掌心里握着的不是泪痕，摊开手却是缕缕穿肠的疼痛。原本想翻看一下三月抑或六月的春风和夏雨，却不想，手一抖，是一地秋风里的落叶。

　　忆念曾经，哪怕是青春，欢，是浮光掠影，悲，却是大画幅的底色。伤感的人，更难以走出回忆。

　　而立之年的纳兰容若，也在一寸一寸追溯光阴。

　　　银床渐沥青梧老，屧粉秋蛩扫。采香行处蹙连钱，拾得翠翘何恨不能言。

　　　回廊一寸相思地，落月成孤倚。背灯和月就花阴，已是十年踪迹十年心。

　　　　　　　　　　　　　　　　　　　——《虞美人》

　　这个十年，是纳兰容若，最丰富多彩的遇见，原以为，一路春光到未来。却不想，在最炫丽处落幕，在最繁华处陨落。谁能料到，一个相门公子，他这最青春的十年，却是伤情遍野，狼藉一地。无心也就罢了，偏偏他是那个痴爱的人，一次次，多是伤了自己，写下那让人"不忍卒读"的悲怀。一本《饮水词》，是两风吹彻的凉。那个冬郎啊，他总在人胸间铺一层雪，一层冰，慢慢的，慢慢的，化到人心疼。

这十年，也是纳兰容若最男人的十年，除了愁和情，更有了友爱。

> 城上清笳城下杵。秋尽离人，此际心偏苦。刀尺又催天又暮，
> 一声吹冷蒹葭浦。
>
> 把酒留君君不住。莫被寒云，遮断君行处。行宿黄茅山店路，
> 夕阳村社迎神鼓。
>
> ——《蝶恋花·散花楼送客》

朋友如花，君心如蝶，怎奈花朵散去如秋，怎不让人叹息。就像写给张见阳的这首词，他对每一个别离的朋友都依依不舍，倍加珍惜。一阕一阕的送别词，写在这十年的风雨里。

三十岁，应该风华无敌，但情感上，太多的失去；事业上，虽然锦衣在身，却毫无起色，少年的雄心已生倦怠。他在给朋友的信中道："弟比来从事鞍马间，益觉疲顿，发已种种。而执友如昔，从前壮志，都已隳尽。"

纳兰容若，有一个了却枝头、随风入霜的心境。

江南，本来只是纳兰容若的一个梦，是将对卢氏的追忆，寄托在了天堂山水。一本《饮水词》，一本《选梦词》，惺惺相惜的男女，相遇于江南，两个人就恍然入梦了。其实，纳兰容若，要的不是一个开始，而是一个继续。两个女子的失去，几年爱意暗哑，他要弦声再起。他要和沈宛在那云水间，一曲《云庆》、一曲《熏风曲》、一曲《行街》……扁舟悠悠，遍奏江南八大名曲。

沈宛，也已经芳心暗许，不为富贵，只为给梦选一个知己。围竹篱为家，依水为欢。弄一叶渔舟也好，早上为他递桨橹，看他网起一舱晨光。晚来看他归斜阳，为他将绳缆系了再系。月下，轻依岸柳，听云的梦呓。有雨更江南，芭蕉再不是悲歌，两人共听，就是那《梅花三弄》冰清玉洁的旋律。

遇见，就是相约，遇见，就是繁华无边的前生梦。那里，只有彼此。沈宛给纳兰容若这十年的末尾，画上了一点点亮色。

十年，将密密麻麻的遇见，都层层叠叠地堆积。一切，都在改变，不变的，只有情，这唯一行囊的背负，让纳兰容若成为彻底的人间惆怅客。

第六章

清辉了如雪

努力春来自种花

那些相遇后的转身而去，伤了多少心。独坐光阴，苦茶泡心，才懂得了悔。不想如此错过，就许一个重逢，等一个春暖花开。对自己的许愿，真的是唯一的机会。若对自己连一句承诺都没有，邂逅又能如何？不过是又一个错失而过，徒惹多少伤悲。

那年，陆游和表妹唐婉沈园相遇，情还在，却没有诺言，哪怕是只对自己的许愿。《钗头凤》写得再好，也只是在彼此的伤口上，再布一层雪霜。临别，唐婉送一盆秋海棠。陆游问："此为何花？"唐婉答："断肠。"陆游心如刀绞，沉思无语，直到唐婉转身离去。看着那渐远的背影，陆游喃喃自语道："此乃相思。"

那花，留在了沈园。十年后，陆游再游沈园，那海棠依旧，唐婉却已经故去。真的一语如咒，这花，成了唐婉的断肠，陆游的相思。陆游站在秋海棠前，潸然泪下。园丁说："这花叫相思。"陆游道："此花乃断肠。"

从此，陆游清居沈园附近，年年入园凭吊，年年有诗。岁岁秋海棠，岁岁相思，岁岁断肠。八十四高龄的那年，陆游以诗为哭，忆念唐婉。那花开年年，也果然成了陆游一生的，断肠寸寸。

犹豫和茫然，让人有多少错过。唯有坚持，哪怕小小的坚持，也会少了许多的遗憾。

渌水亭中，酒，是冷香；风，是秋凉。纳兰容若轻轻裹了一下衣衫，歪倚在靠椅上。一个又一个的朋友，相继买舟南下。此时，只有自己是自己的客。想到了秋冷，却没想到这是一个比往年寒气更重的苦季。年年，春天才复发的寒疾，却在这个秋天莫名其妙地发作了。或许，这注定是一个别样的秋。别了沈宛，逆了秋风北上的那一刻，疼痛已经开始漫卷他的身体。像那一湖秋水，一波一波的凉，前赴后继。想象到了父亲的反对，却没想到他的盛怒。纳兰明珠虽然严苛于儿女的学业、仕途，但情感上，算是一个很温婉的父亲，甚至相当的放纵。对于纳兰容若鄙睨权贵，结交落魄文人，甚至一些不满于朝廷的废贬官员，也不曾干涉。父亲这次的果绝，让纳兰容若猝不及防。

沈宛，一个有梦的汉家女子，有什么错？

冷的风，冷的酒，冷的疼痛，让纳兰有了更多的思索。悠然十年，欢去悲来，一双手上浮光掠影，只剩下了情心料峭。不能，不能负了江南，不能负了那个女子。她的梦，是他最后的花茶，春天里的花茶。叶的慢慢舒展，花的徐徐绽放，就是他们的一杯烟雨江南，春暖花开。

其实，在北归的路上，在那疼痛难忍的驿站里，他就给自己许下了诺言。也许，寒疾的提前到来，正是春天的意味。他，在疼痛里欢喜着。

水，就是他的念想；水，就是她的江南。纳兰容若凭栏望水，看到了那波光里自己的瘦影。他忽然就疼起了江南，那水影里摇摇晃晃的身姿，又当是怎样的憔悴？思量又思量，已是夜色染满素心。

> 明月多情应笑我，笑我如今，孤负春心，独自闲行独自吟。
> 近来怕说当时事，结遍兰襟。月浅灯深，梦里云归何处寻？
>
> ——《采桑子》

何处寻？这些年，空自蹉跎多少光阴。纳兰容若问自己，问那秋风中的渌水亭。他是一个词人，说着自己的多情，却负着别人的春心。吟尽春花秋月，自己，却欠自己一个许诺。回首曾经，重峦叠嶂，遥望明天，山水苍茫，一颗心，真的无从安放。情痴，竟然流放了自己的情，只有一个痴，守着流年碎影，是一湖的闪烁。

唐婉断肠而去，陆游肝肠寸断年年。千年秋海棠让人有多少思量，可世间不尽相思，依然徒生断肠。

纳兰容若，不舍得让她成那断肠人，也不想自己一生相思生断肠。他，在等一个机会。冷茶再冷，也要再喝一杯。他用自己默默的坚持，等父命一个小小的宽松，然后，轻舟南下。

锦衣旖旎，心事萧瑟。纳兰容若在等待父亲那声无奈叹息的同时，还要等帝王差遣的闲暇。回到京城的他，在忙碌中焦虑着。他，不是富贵花，也不是功利草，可他毕竟是红尘客，不能彻底摆脱这些根脉的纠葛。除了渌水亭中那杯茶，真的无人可以对座。

一杯热，如花开相思；一杯冷，如花落断肠。

江南，那个女子，好久没登那画舫了。她，素心已定，不再逐浪于那欢场的飘摇，她久久地守望着，等那一叶行色匆匆的扁舟，等那个他，以双桨为胁下生翅，飞驰而来。京城很远，一个折返或许就是经年。不，哪怕一个折返，就是千年也好，只要他来，她岁岁花开。没有诺言，可她在他的眼神里，已经看到了承诺。说出口的，或许是风，动了心的，才是那千金一诺。

沈宛懂得，纳兰容若，爱着她的江南。

窗，开着，时时开着。不管是夜，还是昼；不论是雨，还是风。她怕误了那个身影，她怕误了那声呼唤。太累了，太累了，她就倚着那画格眯一下双眼，但依然还要做一个，遥望那个方向的梦。

在秋的江南，也略显寂寞。昨天还在冷荷上，和她对望的那只翠鸟，也啁啾一声倏忽不见了。这不会是让她寂寞的理由，一本《饮水词》，沈宛几个来回地读着，似在俏皮地听他诉说。她知道，他需要一个红颜的倾听。沈宛还重重地为自己许下誓言，若再相遇，她会责怪他，因为一个女子，更需要诉说，更需要一个男人的倾听。

红烛下，他听着她的江南，她听着他的塞北，在彼此的喜欢里，是任他们爱意纵横的山山水水。

梦里的女子，人淡如菊，哪怕一袭蓝印花衣上落满霜寒，也素手抚琴，弹一曲茵柳嫣桃。不为别人，只为那人，她打烊了自己十八岁的青春，秋水长天，守一段净心。沈宛，虽然别了秦楼楚馆，但她的《选梦词》，却传唱在那些粉黛如烟的地方。让一个一个女子，开始斟酌地选自己的梦，等一场春风。其实，没有没梦的女子，即使身陷泥泞，也都在仰望着月亮。薛涛在等待中老去，杜十娘在失望中沉江，秦淮八艳也都艳归秦淮。可她们的心里，纷纷扰扰，何不曾经都以梦撑着光阴，与命运叫板？烟花柳巷里，唱着别人的悲欢离合，却欲向那韵角里，借一杯真爱自己来喝。

梦，很远，歌伎的梦更远。可既然选了这样的梦，那就无怨无悔。皇城远不过千里，比那千年不知近了多少光阴。沈宛就在等梦的日子里，为她的《选梦词》，续写着新梦的文字。相比从前的飘摇，这里，更多了触手可及的光影。长路上，有了背着行囊的归人；空船上，升起了远行的白帆；花枝间，多了蝴蝶的留恋；低头若月的女子，脸上有了朦胧的羞红。

沈宛，有梦的女子，为守梦而欢，不辞日夜。

渌水亭里，那杯茶愈加地凉了。好在顾贞观来了。纳兰容若就用这杯冷冷的茶，来待自己的好友。那曾经，正是因了顾贞观的极力撮合，才有了纳兰容若和沈宛的相遇。作为一生真挚师友，近五十岁的顾贞观，还是很懂他，懂这个岁在而立的痴情小友。顾贞观将那杯冷茶一饮而尽，转身就去了大运河的码头。那里，载他北上的客船，还没南归。在顾贞观的催促下，匆匆解开了缆绳。北风虽凉，却也正适宜扬帆远行。船头，顾贞观轻轻吟起他的《步蟾宫》：

> 玉纤暗数佳期近。已到也、忽生幽恨。恨无端、添叶与青梧，倒减却、黄杨一寸。
>
> 天公定亦怜娇俊，念儿女、经年愁损。早收回，溽暑换清商。翻借作、兰秋重闰。

相别是七夕，重逢也七夕，上天会不负真情。

顾贞观给了纳兰容若和沈宛分别，他也要再给他们一个重逢。其实，他如此毅然地南去，因为他懂纳兰，也懂沈宛，也懂得那个，让他以跪为友人求情的明珠相国，那刻板严酷的表象下面，也藏着一点的柔情。他相信纳兰明珠，会让纳兰府威严的门扉，为沈宛咿咿呀呀，敞开可以容身而过的缝隙。

还是那把油纸伞，擎着秋雨，迎着北风，等。

那是谁的衣，披了一路的尘，那是谁的船，劈开了一船的浪？沈宛的手一抖，她的心真切切地感觉到了京城的气息。

面对顾贞观父亲般的邀请，沈宛彻底将自己放纵成了一个孩子。十八岁，本还没有学会太多世故的矜持，却被那些欢场上的脂粉，遮蔽了本真。此刻，她的哭，她的笑，第一次真真实实地绽放。远处，那一树的枫叶，也似在昨夜里，彻底地红了。那可是沈宛的小姐妹们，为她送行的一场欢宴？

行囊，那么简单，简单得就像一场秋风的秋景。真的不要太多的包裹，沈宛只需把自己带上，因为她的梦里，就是她的他，最喜欢的一片千里江南。一岁岁，沿着竹影水光走，一年年，在梅香橙甜里笑，沈宛真的没有想过离开家园。这一次，一行就是千里，可她没有些许的胆怯。她相信，有他的地方，就有梦，有梦的地方，就是故乡。就在这个秋天，沈宛逆风而上。哪怕追逐而至的，是一个大雪满长街的冬天，也无怨无悔。为爱，她要为青春赌一个诗词合欢的天堂。

富贵皇城，在渐行渐见秋色里，渐渐清晰。那巍峨的城门，让沈宛有了些许的紧张，她突然有一种走入困局的感觉。林立的楼宇，相互倾轧着，不见花草的调和。少见的几棵树木，也都枝丫如铁，将天空划出一道道伤痕。唯一的绿，该是几棵柏树，幽幽地暗着，那么沉郁压抑。这疏离的长街上，沈宛那南方的步调，忽然有了不知该往哪里走的仓皇。

眼前，是楷书的北方。身后，是行草的江南。她的墨，忽然间找不到了该如何挥洒笔画。

那些山，那些水，那些城，那些人，第一眼的黯然和明媚，也许就注定了不是自己的节拍。花，不是鸟的狂欢。果，不是蝶的追随。真爱，才是最美的理由。

心动的他，让她披星戴月而来；麻木的城，是不是给她一个悄无声息的去？

> 谁道飘零不可怜，旧游时节好花开。断肠人去自经年。
> 一片晕红才著雨，几丝柔绿乍和烟。倩魂销尽夕阳前。
>
> ——《浣溪沙》

北京西郊的冯园，为明代太监冯保的园林，以海棠为胜。每至绿肥红瘦，文人墨客，纷至沓来。纳兰容若，再游冯园，好友已是别去。不想他情写断肠，不仅仅写给了沈宛，也写给了后来的自己。

渌水亭里，纳兰容若再忆海棠，不觉目光空远。一个身影，晕出青花瓷的青雅，穿过落叶向他走来。恍然里，不知是醒，是梦。那女子一句"容若"，庭院瞬间满是扬州三月的烟雨。那，竟然是翩然而至的沈宛。纳兰疾步向前，相拥道："你就是那可惹断肠的相思。"沈宛在怀中呢喃道："我又怎肯惹相思断肠。"

沈宛，终于在她黛绿年华里，有了和纳兰容若完完全全的相遇。她懂得，重逢不易，何止千山万水。从此，她就做他一辈子，没有寒霜的烟雨江南。他，也定会是她不离不弃的故乡。一生一首词，一生一唱和。上阕是她，柔云软水低吟，下阕是他，崇山峻岭高歌。抑扬顿挫间，看光阴姹紫嫣红，识岁月绿肥红瘦。

沈宛，要的非常简单，就想在纳兰府的一角，做一棵清瘦的江南竹，以自己的心，在纳兰的窗格上，摇一片素色的影。铮铮的誓言能如何，金屋的浓情，还不是成了长门的深怨。"曾经沧海难为水"的离伤，也免不了元稹情海里的一浪高过一浪。那"一骑红尘妃子笑"的娇宠，终还是被一束白绫了却了香魂。

她以柔情做那水，他以风骨做那亭，一水一亭一百年。

然而，现实并不能遂沈宛所愿，纳兰府宽大的门扉始终不肯为她打开。任凭纳兰容若长跪而求，纳兰明珠也不肯儿子将沈宛迎进宅院，他实在容不得一个汉家歌伎，成为家人。母亲，总会比父亲多一缕柔肠。纳兰也一次次央求母亲，可母亲，也只给他一声声的叹息。

既然不能攻城拔寨，那就以退为进。纳兰容若毅然走出大门，牵起沈宛的手扬长而去。

东南等待的沈宛，也曾想到过这寒心的结局，可只要有这手的牵依，即使是风中的流浪，也是富足的安居。在那长街上走着，她，只愿这样一生。

没有一个女子不是柔弱的。纳兰怎肯舍得沈宛，就这样在北方的风里走着。说过不相负的，那就常相依。德胜门外的一处别院，成了他们的家。小小的别致，小小的幽静。小小的，可以放下她的琴，小小的，可以放下他的笔砚。够了，琴声悠扬，墨香清雅，这就是他们的春色满园。

别人的花色再美，也不如自家的一缕草香。富贵人家栽的一院牡丹，贫寒门口也总有几丛紫茉莉。有荒凉的泥土，没有荒凉的种子，只要用心布舍一粒，日子就会有一分春色的福报。

花开的别院，纳兰容若和沈宛，梦在幽香。

冷香萦遍红桥梦

　　爱，日久生情，在光阴里慢慢打磨，那些可以伤到对方的棱角，渐生圆润，彼此可以一起变得更好。可，谁又否定自己，在等一个对的人，或者，曾经等过。那凭栏处的回眸，那花木深处的擦肩。水岸边，那清澈如许，相对无言的四目。红尘狼烟滚滚，而灯火阑珊处的那人，总是你心头的一朵烟花，璀璨而明媚。尤其是那，共读过《西厢》的那个他，原本"一个是阆苑仙葩，一个是美玉无瑕"，却两两别离，各披一身落花。如此错过，自是一生隐隐的痛。

　　世间万千，唯有情痛，至久至深。

　　千里相望，终有相聚，纳兰容若，怎肯错过沈宛。拼却荣辱，他也要给他的她，一个安放。父亲纳兰明珠的相府，若是比作堂皇京城，纳兰容若和沈宛德胜门的别院，就是江南清逸人家。门前玉兰正等春色好时，屋后银杏恰在秋风美艳；庭外几竿瘦竹，不知是哪个好友南方的捎带，屋内几盆兰栽，却是知己亲朋的相赠。堂上那幅长卷，又是谁有心的画意，一双紫燕正穿柳而飞。对，这是秋风的十月，却是纳兰容若和沈宛的春风拂面。

　　纳兰容若和沈宛，用真诚，在这物欲横流的皇城，赢得了一方自己的梦。虽然纳兰明珠拒绝唐宛踏进纳兰府门，但私下里，还是悄悄命仆人，送来了不菲的钱物。而康熙，对于纳兰容若这位，违禁满汉之婚的臣子，不仅没有丝毫的怪罪，反而在此时，将纳兰容若的侍卫等级，再一次晋升，成为最高的一等侍卫。这种积极的表达，对于那些，想借此对纳兰容若，及其父亲纳兰明珠有所攻讦的人，是一种间接的明示，他们也只好噤若寒蝉。

　　作为父亲，纳兰明珠明白，自从卢氏去世，儿子一直在思念里挣扎，从没有过欢心。而康熙，纳兰容若作为他无话不谈的贴身侍卫，他深深知道他，惆怅多年，难得有这明朗的情感。

　　他们，懂他。不好给他一个坚定的支持，却默默给他一个暧昧的允诺。

一对红烛，照亮了小小的厅堂。没有父母的高堂可拜，没有百官的贺礼，甚至没有几个捧场的同僚。这，足够了。纳兰容若和沈宛，要的就是梦一样的悠然，守一室墨香，共写人间好词，日子平仄有味。

缺了那些世俗的喧嚣又如何，不缺的，正是他们最爱的诗词贺礼。京城的风流雅士，纷纷登门道喜，最是那些挚交的江南寒士，陆续抵达，笔墨相贺。陈见龙当场写下了一首《风入松·贺纳兰容若纳妾》：

> 佳人南国翠蛾眉。桃叶渡江迟，画船双桨逢迎便，细微见高阁帘垂。应是洛川瑶璧，移来海上琼枝。
>
> 何人解唱比红儿，错落碎珠玑。宝钗玉樗挥蒲戏，黄金钏，幺凤齐飞。潋滟横波转处，迷离好梦醒时。

烟波千里，也挡不住，今日好梦成真。最快乐的是顾贞观，他用父辈的欢喜，祝福一对才子佳人。愿一个寒满身，一个寒在心的他们，从此是山暖水暖的一生。

沈宛，一身嫁衣，那是一个女子珍藏了十八年的红，绽放，只为这一刻，绽放，只为这一夜。她用她最美的江南柔情，旖旎此刻的爱情烟火，惊艳这小小的庭院，惊艳明日京城南南北北的街巷。

人影散去，只有纳兰容若对坐，沈宛轻拨琴。多少年，她只弹《流水》，任年华东去，为等那《高山》的遇见。今天，终于可以《高山流水》共琤琮，高音低音的丝弦，和声同唱。多少人，百年往来，也只是水流迷蒙，无依无归。她，沈宛，遇了那山，哪怕一生只此一夕，又有何憾？

纳兰容若的心，也在那琴弦上弹跳着。恍然，就是最初的心跳。多少年了，他在泥淖里，不想挣扎，宁愿在那里窒息。疼痛的旧事，曾经让他渴望一袭袈裟，在暮鼓晨钟里慢慢坐化，可情心如海，使他难以归去如风，也只能在痛苦中，慢慢渡劫人间。一首忆念写给前尘，一首惆怅写给今世，一首相思写给来生。此生，再无欢。红开绿谢，都是无色无香的，浮光掠影。

其实，所有的悲伤，是因为没有对的相遇。那看不透的层峦叠嶂里，更常有柔雾几缕，嶙峋的心，最需要这样的恰逢此时。一本《选梦词》，让纳兰容若，真的就看到了那缕燕子破雾呢喃。相遇，才懂了，那正是心里的江南。梦想的，未必要等来生，却原来就在眼前。

在眼前，就不要辜负，就不能辜负。一曲《高山流水》，还在弦上回响，纳兰容若就绕过那琴，将沈宛紧紧抱在了怀里。那是秋夜，已经难见了花香，也没有人在意，窗外，有没有月亮，可这德胜门的小院里，却是如此的花好月圆。红烛上，青烟徐徐而舞，锦被上，大朵大朵的牡丹，盛开着无边的锦绣。

她是他的，江南雨；他是她的，塞外风。

没有誓言，不说承诺，只为彼此盛开就是最美。朝起的，相视一笑；暮落的，同看帘影，抵过了多少甜言蜜语？

沈宛对纳兰容若说，在她还很美的童年，唯有一个梦，迷蒙中，是一波又一波的涟漪，虽然只能看个依稀，却懂得那是关于北方的一个梦。渐渐大了，虽然身在凄寒，那梦却更加清晰：一个身佩长剑的素衣男子，在雪中，吟的却是江南的词。

初读他的词，烟雾渐散；再见他的人，梦，已经明了。

她说，那么多的梦，选来选去，只选这一个，十几年反反复复。她说，那么多的红尘过客，选来选去，就认准他容若，会是一辈子的相依。

她梦的塞北，他爱的江南，原是他们京城的，这一院秋风朗月，虽有凉意，却不也正合了秋海棠时令花语。

曾经，陆游错过了唐婉，相思成断肠。千年后的纳兰容若，却没有错过沈宛。北京那处小小的别院里，只有面对面的相思，没有背对背的断肠。不相负，都相欢，这就是圆满。

> 桃花羞作无情死，感激东风，吹落娇红，飞入窗间伴懊侬。
> 谁怜辛苦东阳瘦，也为春慵，不及芙蓉，一片幽情冷处浓。
>
> ——《采桑子》

沈宛，是一名歌伎，算不得良家女子，颇让人感叹。有谁知道，正是这历尽沧桑的心，在凄冷中更有浓情。纳兰容若非常感激岁月无常，为此，才会有这飘零的沈宛，成为他诗笺上的娇红。

幽情如冷，浓情却若绵绵的江南水。爱，只为他。

没有必要抱怨命运，也许曾经的残酷，恰恰就是那成器的历练。就像那青花瓷，也不过是平常的素白素青，不正是高温的烧烤，让它凤凰涅槃，从唐宋而来，美过一个又一个朝代。

康熙那时，青花也正是顶峰的时代。蜡染的沈宛，就是纳兰容若最爱的青花瓷，在案头，在笔端，是看不够的烟雨朦胧，是写不完的美轮美奂。

> 东风不解愁，偷展湘裙衩。独夜背纱笼，影著纤腰画。
> 燕尽水沉烟，露滴鸳鸯瓦。花骨冷宜香，小立樱桃下。

——《生查子》

康熙对青花瓷的喜爱，成就了一个青花倾国的时代。纳兰容若也爱青花，只悄悄地隐在他的诗词里。传说康熙和纳兰容若，曾经在沈宛这里，有过一些说不清的云雾交集。只是纳兰的情，成了倾城的佳话，独对沈宛，看那影著纤腰画。康熙的意，却隐在了岁月的烟雨里，不见依稀。只知道他，面对满堂青花，常常痴痴发呆，听那露滴鸳鸯瓦。

一个鼎盛的青花时代，原来晕染了诸般的情感风云？问遍广厦万间，却是一楼说不明白的水墨烟雨。

臣子情，帝王心，都是猜不透的历史风云，恩恩怨怨，都成过往。一个才达万家的词客，一个力统江山的皇帝，两道彩虹，划过那段岁月。只是一个短成而立的弧线，一个长成古稀的光芒，成了两种截然不同的惊艳。

纳兰容若如此有文武之才，也不过困在侍卫的锦衣里，郁闷了一生。三百年后的今天，人们还将同龄的康熙和纳兰容若，时时一起谈论，说着彼此的短长，也难说那时的帝王，真的会没有一点嫉意，惊过心的凉。

冷香的沈宛，冷香的纳兰容若，正是两两相宜。沈宛也早已准备好，哪怕被命运放逐至更远的地方，她也愿意做纳兰最后一个女人。写词作画，只要时光愿意，并肩白头就是他们的结局。陪她知的他一生踽踽而行，就是她的心愿和责任。

纳兰容若，一生难有多少如意的时光，有了沈宛，是难得的舒畅。各种差使虽然忙乱，他总是及时回来，享受小院的幽静和温馨，品味沈宛《选梦词》里的韵角。沈宛，也总拿了《饮水词》，让纳兰容若解那些平仄。一山一男子，一水一女人，日子，波澜不惊，如此山水向好。

那天，沈宛略有不适，纳兰容若急忙请来了医官。忐忑不安里，纳兰容若却得到了医官的躬身道喜，沈宛，怀上了他们的孩子。这消息，让纳兰容若惊喜之中，又有了几分忧虑。毕竟他的卢氏，正是因了难产而去，那，曾是他无法承担的痛苦。他默默地祈愿着，希望沈宛能够平安。毕竟此时的沈宛，比那时生产的卢氏，还要小两岁。或许是婚嫁年龄太早，更因为医学的滞后，旧时的女子，分娩，是她们的一大难关。

案几上，收起了文房四宝，供一尊佛。手中放下词文，捧一本经卷。纳兰容若，祈祷着，愿佛能慈悲以待他的沈宛和孩子，所有的灾难，都绕身而过。假如一切无法阻挡，他愿用自己的命，换她们的母子平安。那袅袅的香火，在纳兰容若面前摇曳不定，忽而一柱直上，忽而低回迷漫。他不知道，哪一个才是吉祥的燃烧，只愿这是有惊无险的宿命。

纳兰容若，猜想着沈宛分娩时的折磨，猜想着儿子降临时的痛苦。他却完完全全没有猜到，这竟然是自己近在咫尺的，大劫难。一切，早有定数，正是那宿命难违。或许正是他的早早离去，换得了他这个儿子，平安而生，长寿而活。在他所有的儿女中，在世最久，七十岁的时候，还被乾隆请去，参加了"千叟宴"。这位叫着富森的幼子，却一生平庸，文德武才，不见一点词人子女的色彩。

三十一岁，该是又一个心路的开始，可是刚刚开始，他就不得不交给了宿命。在农历里，实岁三十，虚岁三十一。这一，果然是可有可无的幻影，是他的一个了结，是儿子的一个开始。中间有一段看不清的距离，叫着阴阳相隔，叫着生命交接。或许纳兰容若深知词情让他身受折磨，也就只交了儿子命，将那些才华，都一并带走了个干净。

这年的春天，来得更早一些。院子里的花木，该红则红，该绿则绿，比任何一年，都欣欣向荣，而且，纳兰容若逢春发作的寒疾，也不似预想中的严重。他相信，这是沈宛江南的暖心，带来的这些生机。他抚摸着沈宛，倾听着胎儿，像是倾听到了，向好次第绽放的春意。

三月，是万物勃发的时机。这么多年来，纳兰容若从没有这样朝气蓬勃过，他忙前忙后，不知辛苦，只为十八日，这个被称着万寿节的，皇帝的生日。这一年，是康熙二十四年。趁着诞辰之喜，御笔亲书一首唐代诗人贾至的《早朝》：

> 银烛朝天紫陌长，禁城春色晓苍苍。
>
> 千条弱柳垂青琐，百啭流莺绕建章。
>
> 剑佩声随玉墀步，衣冠身惹御炉香。
>
> 共沐恩波凤池上，朝朝染翰待君王。

盛宴上的百官，都在欢呼的时候，也在猜测谁能得到这份帝王的墨宝。然而，被传上去的，却是宴席外的纳兰容若。人们在惊讶的同时，似也有意味。一个侍卫，是没有资格位列早朝的。一首《早朝》，在纳兰容若这里，也更有了另一种意味。四月，康熙再令纳兰容若赋《乾清门应制》诗，译《松赋》为满文。这一系列不同寻常的帝王之举，或许预示着纳兰容若将出列侍卫，换上一身朝服了，掌笔帝王，成为一代文胆。三十岁，是该重任在肩了。

沈宛怀子，帝王赠诗，这个春天真的是别样美好。纳兰容若挥笔给好友姜宸英写道："吾倘蒙恩得量移一官，可并力斯事，与公等角一日之长矣。"那种可与朋友齐力共赴皇命的欢喜，溢于言表。

那个黯然红尘的纳兰容若，不见了。其实，这是沈宛给了他希望，是未来的儿子，给了他期待。他更愿他们在不久的花开时节，一起走出这略显逼仄的别院。给家人，一个更宽敞的温馨之所，这是常人都有的期许。尤其是沈宛被拒绝入门纳兰府的那一刻，这种平凡的世俗之念，就在纳兰容若心中渐渐泛起。清寒处的拮据，更让他心生愧疚。没有谁，愿意一直活在梦里。遥想一个女子，带着儿子，只在秋风里，吟着父亲的诗词取暖，那是多么不可想象的窘迫？

他要给他们，一个更舒心的安排。那时节，他和沈宛山清水秀的江南梦里，更多了一道逶迤可心的桥。波光在天，云影在水，说不尽的天上人间。

残雪凝辉冷画屏

岁月，总是那么风云难测。日子，也是如此阴晴不定。昨天一院的姹紫嫣红，却是今天一地的狼藉不堪。清晨的霞光万道，却是暮色里的黑云压城。笙箫间的霓裳歌舞，一转眼，却是哀乐里的一道亡魂。欢愁起伏，生死无常，演绎得让人触目惊心。只有佛祖拈花一笑，看众生如流。然而，光阴容不得徘徊，哪怕对往事百般纠葛，黎明，也会给你一个新的安排。不管你愿不愿意，一切都在改变。

这个春天，纳兰容若有了重回少年的昂扬，不再沉溺于十年的心路，开始了对未来的展望。摒却情感的淤塞，原来是如此畅快淋漓。锈蚀的壮志，重新磨砺；卷刃的雄心，再铸锋芒。三十岁，只要自己振作，豪情从来不会缺席。阳光，正将他的身心，一遍一遍沐浴刷新。即使有潮腻的雨，也不会再诱发他的痛。那曾让他咳嗽连连的柳絮，成了笔端柔肠朵朵的飞扬，拂过窗纱，栖在阶梯，或许，更飘进门楣，在他的掌心灵动着。不知，是谁娇小的灵魂。

纳兰容若和沈宛的日子，虽然依旧小巧，但却多了明媚。那种旧时自以为释然，却带着不尽萎靡的味道，早已散去不见。他们时时走出那小小的别院，去看皇城的宽阔，看皇城的精微。去全聚德吃一只烤鸭，在亿禄居茶馆，共啃一张薄脆。在小巷口买两串冰糖葫芦，去胡同深处，买一份春卷。更常小坐渌水亭，让她看他和文朋诗友们，斗一斗酒，斗一斗词，拼一场宿醉。

"往后余生，风雪是你，平淡是你，清贫是你，荣华是你，心底的温柔是你，目光所致，也是你。"情，要的就是如此相约。

快乐，总是短暂的，随着康熙重用的暗示，纳兰容若的公务繁忙起来，少了和沈宛两人相坐成诗的自在。沈宛懂得男人的忙碌，懂得他鞠躬尽瘁，在皇帝鞍前马后的操劳，是为了给她和他们的儿子，赢一个更丰硕的将来。所以，她就安然地守着小院的恬静，等那脚步伫立阶前，轻叩门环的呼唤。沈宛，也是一个词人，词人的心总是那么敏锐，总是那么多愁善感，本是安安静静地守着小院，可守着守着，那份恬静就成了伤感。暮色渐深，房间里更加黑暗；她在那如豆的灯光下，已经坐了很久很久。一个瞌睡，碰疼了前额。再凝神细听，外面依然只是小停又狂的雨。

　　黄昏后，打窗风雨停还骤。不寐乃眠久。渐渐寒侵锦被，细细香销金兽。添段新愁和感旧，拼却红颜首。

　　沈宛再吟自己这首《长命女》，却有了更多的滋味，那种难以抑制的悲凉，就这样席卷而来，她的这个雨打阶前的黄昏。触手处，没有一点他的气息。容若，大抵三天没有来过这德胜门了。这让沈宛恍然明白，纳兰是有家室的，还有那富丽堂皇的高宅，而她，只是他别院里的一棵幽兰，是他没有名分的妾室。她要学会在若有若无的阳光里，让自己取暖。

　　容若的《饮水词》，和她自己的《选梦词》，可以像月亮一样，挂在长夜的窗前。可那一首首的词，相对烟火的日子，毕竟薄凉，她不得不裹着锦被，来宽慰自己。也有温暖，那就是纳兰容若的到来。孕期的沈宛，本应得到更多的抚慰，可是等待温暖的日子，越来越漫长。那温暖的停留，也越来越匆忙，越来越短暂。她只好与那两本词集，一起翻来覆去。可诗词，毕竟不能相依为命，偶然间，她发现门前台阶的缝隙里，竟然长出了许多荒草的芽。沈宛忽然想起了陈阿娇，想起长门宫外漫墙的野蒿。不觉间，泪水滑落在手背上，润开她的一片江南。江南可好？那些旧时的衣衫，那些旧时的桌椅，还有那，等待她写下心事的彩笺，该是已经泛黄了吧。再一碰触，怕是要纷纷碎成一室乱乱的秋叶。沈宛就似站在那旧的房舍里，她不敢动。她怕脚步一动，就踩得自己一地心痛。

　　她的江南，原来带不走，唯一的行囊，就是梦。原以为渌水亭是最美的栖息，却还是凄惶得无处安放。

　　在沈宛渐生的寂寞里，纳兰容若的心情，也又归沉郁。康熙短暂的恩宠之后，又归于安静，安静得有些可怕，安静得让纳兰容若，不敢再有期许。他也曾投石问路，解开一点皇帝的心事，可从来得到的，都是顾左右而言他的答案。"天意从来高难问"，纳兰容若在猜测里，生出了不安，而且这种不安，渐渐汹涌，压抑着五月，他的每一个向暖的日子。他，每每于德胜门别院里小坐，再难得一见欢颜，只是一声一声叹息。

> 谢家庭院残更立，燕宿雕梁。月度银墙，不辨花丛那瓣香
> 此情已自成追忆，零落鸳鸯。雨歇微凉，十一年前梦一场。
>
> ——《采桑子》

　　小院初买的那时，两人多少快意。如今，身边的这个男子，又生出往日的寂寥。沈宛也曾轻声相问，为何如此惆怅，可纳兰容若总是摇头不语，这也惹了那个身怀有孕的女子，第一声尖厉的责问："谁让你刻骨铭心。"

　　她以为他念着旧情，她以为他厌了新欢。沈宛也不是不食人间烟火的仙子，纳兰容若的愁容，也曾经让她感动的悼亡词，渐渐成了她心中的恨怨。想那续娶的官氏，本就是一个高冷的人，在纳兰容若对旧爱的声声呼唤里，哪能不心念如灰？如此归去无踪，也就在所难免。没有谁，容得下自己身边的人，对旧爱念念不忘，更何况纳兰容若，命断情不断，总是将那段往事，反复数捻，如佛珠在指端的轮回。

　　纳兰容若此间的叹息，并不完全是怀旧的低回，更多的是对前途的又一次迷惘。康熙忽热又冷的表情，让他备受煎熬。十年，他唯一泛起的一次热情，再一次灰飞烟灭。身前身后效力年深日久，康熙，比任何一个人，甚至比纳兰明珠都懂得，纳兰容若亦文亦武的不世才华。一把侍卫刀的效命，是对他的委屈。三十岁，还是那一身仆从的装束，在别人看来，那都是一种耻辱。一个堂堂的相国公子，命运不该如此相负于他。

　　皇帝的态度，也影响了纳兰明珠的判断。他以为是沈宛和纳兰容若的幽居，才让康熙生烦，也就改变了主意。为了纳兰容若的前途，明珠，

第一次向儿子施压，劝他们，能有一场好聚好散。

夜半时刻，纳兰容若常常独自站在门外，望那有月无月的夜空。

沈宛以为她和他的相遇，从此是山水依依的江南，可刹那之后，他还是那旧时的寂寞。她，心疼容若，也心疼自己。那个所谓的梦，不过是那虚无的桥。他给不了她，追逐的天上虹；她给不了他，怀恋的水中月。

五月，繁花次第落尽，唯有荷花，渐起芳华。似乎，喧嚣的夏日，更需要这佛前莲的梵语，净一片绿荫。既然无命于朝政，那就再归于词心吧。纳兰容若力邀远在广东的梁佩兰，晋京编选一本，可传于世的词集。

康熙二十四年（1685）五月二十二日，好友们相聚于渌水亭。在这次为梁佩兰接风的宴席上，虽然大家依然诗酒相欢，可纳兰容若的笑容，总是那么浮浅。顾贞观、姜宸英等几位好友，见他比往日又消瘦了许多，就劝他少喝一杯。纳兰容若连连摆手，都是一饮而尽。一场夜宴虚浮的欢里，是纳兰容若沉郁的愁。

纳兰容若，有惊世的才华，也不缺胆识和谋略，可他在情感里起伏的心性，在世事里不堪一击的脆弱，或许真的不适合成为早朝上的那一个。想那南唐后主李煜，尽管词才齐天，可一片情心却无力守住江山，也只落得"作个才子真绝代，可怜命薄作君王"的感叹。才如李煜，情如李煜的纳兰容若，如此柔肠，又如何在政途中周旋？

是康熙辜负了他的才情，还是他辜负了康熙的期待。这个本就可左可右的答案，也只能在纷纷扰扰的猜测里，继续猜测下去。岁月，不曾为此有些许的停留，答案，也同样是一串念珠，是找不到尽头的轮回。风不在指端，风不在眉间，来，是了无的来，去，是了无的去。

纳兰容若，是美了画卷的兰草，作为朝廷的柱石，怕真的是有些勉为其难。

荷花是水中的初绽，纳兰是亭中的端坐，岸的远端，是月色下的那两棵芙蓉花。此刻，他在宁静中有了一些坚定，挥笔写下了一首《咏夜合欢》：

阶前双夜合，枝叶敷花荣。

疏密共晴雨，卷舒因晦明。

影随筠箔乱，香杂水沉生。

对此能销忿，旋移迎小楹。

　　一场欢宴，在不愠不火中落幕，朋友们在夜色里一一散去。没有谁知道，这竟然是纳兰容若对朋友的最后一次宴请，从此，渌水亭里，再无相聚。传言，渌水亭边，纳兰容若手植 的那棵合欢，就是那个春夏日的夜晚，莫名地花枯叶垂。色还在，香已远，就像那聚无可聚的友情。

　　散去的，似乎还有沈宛。不知道是她给五月找了个借口，还是五月给她找了个借口。有人说，是他们之间生出了嫌隙，有人说，是因了家里家外的种种压力。渌水亭宴席散后的夜晚，纳兰独自来到了德胜门的别院，那里，已经人去楼空，只有一本《选梦词》，斜横在案底的一角。余温还在的桌椅，让纳兰容若倍加思念。说好的不相负，却是这样的生离别。他伏案而泣，泪断肝肠。那夜，没有沈宛安慰，没有一杯温水可依，甚至没有灯，只有更浓更深的凉。待人们找来时，已是第二个黄昏，纳兰容若依然和衣伏案而睡，身体是不断地抽搐。他的衣袖下，压着一首《采桑子》：

　　而今才道当时错，心绪凄迷。红泪偷垂，满眼春风百事非。

　　情知此后来无计，强说欢期。一别如斯，满尽梨花月又西。

　　这当是写给沈宛的，然而她的不知所踪，让这份悔恨寄无可寄。都说，那首《咏夜合欢》的诗，是纳兰容若最后的绝笔。而这首采桑子，也当是写于沈宛后。那夜的纳兰，酒后再读，应该是心绪更加凄迷了。

　　对于沈宛，人们都说只看清了她的来处，没有看清去处，然而这个纳兰容若身边，来了又去的身影，其实哪里也不曾看清。许多的文字都传载她生于 1673 年，并且十八岁之前出有《选梦词》，那么，这个江南烟雨里生长的女子，她与 1655 年出生的纳兰容若，整整相差了十八岁。待她十八岁的时候，应该是 1691 年了，那么她又如何在这样的年龄，嫁给了纳兰容若？那时的纳兰，该是已经故去了六年之久。

烟雨的江南，烟雨的女子，来时，是迷离的影，去时，是迷离的踪。就是一场那时的烟雨。也许，本就不受待见的一个歌伎女子，也只能在那历史的远方，如此潦草地一笔带过，对和错，本就无关紧要。或许如此混乱的描述，正是为了遮掩一些不好说的什么。

这个五月将尽，夏风渐暖的日子，纳兰容若病了，病得卧床难起。原本年年因春风复发的寒疾，发作得前所未有。急冷急热的攻讦，让他昏醒中浮沉不定。

人生，是如此的世事难料。原本花香四溢的春天，却是夏至枯枝零落的急转直下。

儿子突然的重病，让纳兰明珠深感不安，心中是从没有过的慌乱。原本以为是一个难得平安的春天，却不想是一个如此猛烈的到来。明珠告了不去上朝的事假，衣不解带地陪在儿子床边。虽然对纳兰容若有许多的苛刻，可毕竟是自己一生中的最爱。他默默祈愿儿子，能和往年一样逢凶化吉。

一个五十岁老父亲的慈祥，一点烛火一样，日里夜里，摇摇晃晃地照耀在纳兰，那在冷热中颤抖的身体上。

父子之爱，这种最坚韧的世间维系，足以超越所有的悲欢离合。这是完全不亚于爱情的生死之缘，只是它过于隐忍，总是被人们忽略。当有人蓦然回首，懂了的时候，才明了这如山的深情。只是这歌颂的文字依然寥寥，少有男欢女合那样感天动地的传唱。

可父亲，永远是那个巍巍壮观的存在。甚至是面对世界，少了一些善良的一个父亲。

清镜上朝云，宿篆犹熏，一春双袂尽啼痕。那更夜来山枕侧，又梦归人。

花底病中身，懒约湘裙，待寻闲事度佳辰，绣榻重开添几线，旧谱翻新。

——《浪淘沙》

纳兰容若，一生为爱起伏，每至病中，更是如蚕吐茧丝，将自己日夜包裹。那梦中的相见，也是泪眼相望。尽管他挣扎着，渴望沈宛的重逢，渴望儿子的平安来到世间，但寒疾和情毒的内外交攻，让他日见憔悴。

　　他，从不争于命，因为他知道，那是争无可争的注定。然而，面对人生的断崖，有了忽然的强烈愿望，因为他还有太多的牵挂。一个以情为背囊的人，如何能把情如此散乱人间一地的狼藉。他要有所安放，至少也要有交代。

　　他轻轻伏在纳兰明珠的耳边，告诉他的父亲：沈宛，已经怀了他的骨肉。

　　说完，他的脸上掠过淡淡的春风，是几丝多日不见的光影。

尘满疏帘素带飘

光阴嶙峋，容颜凋敝，这是我们每个人，必须面对的岁月老去。叹息只能淤塞自己的心路，永远无法阻止年华的西风。"萧萧梧叶送寒声，江上秋风动客情。"在路上，就要习惯逝去。梧叶了却枝头，其实是对季节法则的遵循，应该懂了是无可厚非的悲伤。两行泪水的悼念过后，还是有了淡然。唯有春色满院，却刹那间是无可收拾的零乱，那让人猝不及防的失去，实在让人肝肠寸断。纸钱焚心，情愫化着心灰意冷的黑蝴蝶，堆叠成堆。在一个一个有风的时刻，又纷纷飞起，惹谁的心疼。

祭奠那些白发仙逝，还有许多庄重的释然，悲伤那些青春归去，却是最难以承受的痛苦。

人，自从来到世上，就要面对世间的沟沟坎坎。能力，可以改变命运的崎岖，但才干，却不能延展生命的长度。岁月不会因为平庸，就腰斩了谁的光阴，亦不会因为卓越，再续一段谁的年华。宿命，是牢牢钉在时光深处的刻度，为无可更改的丈量。谁，也只能在这方寸的规矩里，嬉笑怒骂，唱念做打，演好自己的这一折戏。报幕是自己的哭，那么声音嘹亮，谢幕是别人的泪，如此悲情低回。

似乎，人生的舞台上，没有主角，都是一样的过客。有的人，就是一棵野草，在风霜中默默守候，声息两无。有的是一座山，一肩雨，一肩雪，日夜两不负。有的人，哪怕身如流星，拼却生命，也要划破夜色，留一段惊艳给这世间。

"有的人活着他已经死了；有的人死了他还活着。"也许，酸甜苦辣都不是滋味，荣辱得失也不重要。可谁，能给来生留一缕追忆？让后人在历史的册页里，能翻到那个值得怀恋的名字，哪怕只是偶尔。

三百年前的那个五月，是京城文人墨客闻知的一个感叹。那个真诚好客的纳兰容若，病倒了，而且是前所未有的病重。顾贞观、姜宸英、梁佩兰，相继来到病榻前，他们的探望里，更有许多愧悔。他们是知道以纳兰的身体，不宜多喝酒的，医生也曾多次叮嘱。可他们以为天暖了，并不是纳兰容若病发的季节，更加上梁佩兰千里而来，也就有些激动中的大意。

　　酒后着凉，只是表面的浮寒。康熙意图的突然模糊，那种只字不提重用的冷漠，更有沈宛毅然的离去，这才是无可抑制的内寒。这两寒的内外夹攻，将纳兰容若逼至缝隙里，以窄窄的一缕光亮，维持着呼吸。他从那窄窄的光亮里，望向世界，才懂得那里，是多么值得留恋。竹影、波光，书卷、墨香，甚至墙角那杆，旧得早就不能用的秃笔，也想好好放在掌心里摸摸。父亲、母亲、弟弟、妹妹，甚至那个从来都让他讨厌的管家，也想靠向前抱抱。当然，不能没有沈宛，是还窝在京城，或是已经到了江南？这世上，除了她，还有谁能和他的梦，如此心心相印？他不该在父亲家和沈宛的选择威逼下，放弃了爱，更何况，还有自己未见面的孩子。他觉得，沈宛的悄然离去，是对他的绝望，是对他那段情绪低落中疏忽的怨责。一生，有无数的情债，只有这次亏欠，是不可原谅的亏欠。

　　重病，让许多的温暖围拢来，亲朋好友们默默为他祈祷。康熙也多次"使中官侍卫及御医日数辈络绎至第诊治"。纳兰容若的病情丝毫不见好转，恍惚里，他看见卢氏走到床前，满眼含泪地握住她的手。纳兰容若一阵惊喜，问她是几时的归来？卢氏却起身离去，身影渐渐模糊。纳兰容若伸手去抓，却惊醒了自己，身上是一片干冷。

　　尽管纳兰容若，在昏迷与清醒中几度沉浮，大家还依然相信，他会好起来。寒疾，终不至于阴阳两断。可纳兰自己却有预感，有一种不祥的预感。梦中的妻子，已经是多次来牵他的手了。那本应是他的恋恋不舍，是与爱归去如风的夙愿。此时，他却不能决绝，不是旧情已淡，是因为还有太多的未了。若如此撒手而去，将是生也相欠，死也相欠。阴阳两界，都有难了的债，那岂不让他魂归两迷茫，难得安生。

　　行囊，情囊，背不起，放不起，一身疲累何所去？

　　其实，在更早的日子，纳兰容若与一个衣衫褴褛的卜者相遇，那人说他雪寒之性，当有真情女子的温暖相依。那棵纳兰容若亲手栽种的合欢，正是一炷香的佛前祈求，只是花叶两迷离，日分夜合注定了情感的蹉跎。耐寒，耐旱的那树，正是他求暖喜水的命里互补。合欢聚散，是共进退的生死两重天。花初开的时节，是树和他的一劫。

邀梁佩兰北上，那时日子还早，正好等他的一路迢迢。和朋友相聚渌水亭，那合欢正初开，都以为那是给梁佩兰接风，但大家也看到了纳兰容若的心事沉郁，却没人懂得他的那个夜。一场欢宴，他本是当作最后的相聚。只是那合欢，依然在深深的夜里闭月羞花。他以为，这一劫已经破了夏日的风，纳兰才在激动中，一边吟唱着自己新写的《咏夜合欢》，一边和大家相别又相约。有谁知，就在纳兰容若离去的背影里，那棵合花树，却莫名地一点一点枯萎，在五更后的夜里，慢慢黯然。

花开时节花却枯，那场夜宴，真的就成了最好的相聚。渌水亭里，再无纳兰容若的合花可看。传说，另一棵正是他的表妹栽的。那时，他们正童年，相约各栽一棵合欢，愿天地同合欢。同样的长大，却没有同样的老，一棵花开时节枯萎，一棵孤世独立，郁郁寡欢。经年之后，可否有谁在那里，又读起纳兰容若的那首《生查子》：

> 惆怅彩云飞，碧落知何许？不见合欢花，空倚相思树。
> 总是别时情，那得分明语，判得最长宵，数尽厌厌雨。

纳兰容若忆念别人的一首词，却更成了别人对他的忆念，花人两不见，真是无限惆怅。人，离合悲欢，原来都是写给的自己。只是自己，再没有蓦然回首的看见。

其实，更多年后，那已经是四月，渌水亭边剩下的那棵合欢树，不花不叶，也莫名地枯萎了。后宫里，惠妃无疾而终。

昏迷又醒来，醒来又昏迷，纳兰容若在生死中沉浮了七天七夜，再也没有醒来。至寒已经入心，"不汗"而死也就是唯一的去路。离去的这一天，是康熙二十四年五月三十日。那年，也是五月三十日，他的妻子卢氏离去。一种跟随，原来是经年又经年的相思，凄美又心疼。忘川河上的相遇，虽然迟了，却是深情不渝。又一天，就是六月，他和她，情缘未了，再并蒂，那就同是佛前盛开的莲。天堂里，又重回了那最初的相见。

许多世间的留恋，终是拦不住他的纵身一跳，尘缘往事，了断如风。

有谁知，江南那个女子，也想岸边如此纵身一跳，只是胎儿的躁动，让她罢了这样的念头。她相信，纳兰徘徊又徘徊的七天，定是用灵魂寻找她和孩子的江南。买舟往来，正好是七天的折返。她误会过纳兰，此时，她更懂了，原来一切都是爱。生死之际，他还在频频回望。他可望到了她的哭，他可望到了她的相思。在那别人看不到的烟雨里，在只有纳兰容若看得到的岸柳边。一袭蜡染的衣，一把油纸伞，丁香一样郁结着愁怨，不为人遇见。几百年后，诗人戴望舒也想看清这女子的身影，只是从清初到民国，那雨巷太长太长，他也没有遇见。直到今天的人们，还徘徊在诗词间的烟雨里，

> 雁书蝶梦皆成杳，月户云窗人悄悄。记得画楼东，归骢系月中。
> 醒来灯未灭，心事和谁说？只有旧罗裳，偷沾泪两行。
>
> ——《菩萨蛮》

所有的梦，都是红尘里的一朵花。沈宛想要的，纳兰容若给不起。那种一转身的赌气，从此是阴阳两隔。沈宛也只能在《选梦集》里，写下梦里的相约，一滴一滴，江南雨样的泪，声声打着芭蕉。

沈宛归去何方，从来不见清晰的文字，也没有实在的传言。就像她的生平，也只是错乱的三言两语。相传，在竹影掩映的草亭里，一个女子，正逗引着她牙牙学语的儿子，朗读着诗词，那词卷，正是《选梦集》。人们说，那就是沈宛。仅仅这么一个一闪而过的剪影，倏忽再也不见。至于纳兰容若的那位遗腹子，何时归于纳兰府中，更不曾有过只言片语的传闻。

选梦的女子，不知又选了一个怎样的梦，无声无息隐逸她的余生。后来，乌程一处溪水的岸边，涌现了一片梅花。花开时节，唯有这里，总会静静地落一场雪。红的梅，白的雪，两相辉映。都说那是种梅的女子，和一个叫冬郎的男子的阴阳相约。再后来，那个女子不见了，那片

梅林也不见了，从此，那里再也不曾有雪来。

对于纳兰容若的离去，因为太过于匆忙，便有了许多的传言。在最"官方"的文字里，都是以"寒疾"为记。的确，这命里带来的疾病，是他一辈子的折磨。每年，都会有大大小小的发作。

黄昏又听城头角，病起心情恶。药炉初沸短檠青，无那残香半缕恼多情。

多情自古原多病，清镜怜清影。一声弹指泪如丝，央及东风休遣玉人知。

——《虞美人》

独客单衾谁念我，晓来凉雨飕飕。缄书欲寄又还休，个浓憔悴，禁得更添愁。

曾记年年三月病，而今病向深秋。卢龙风景白人头，药炉烟里，支枕听河流。

——《临江仙》

翠袖凝寒薄，帘衣入夜空。病容扶起月明中。惹得一丝残篆、旧薰笼。

暗觉欢期过，遥知别恨同。疏花已是不禁风，那更夜深清露，湿愁红。

——《南歌子》

……

在纳兰容若众多的诗词里，多有寒疾缠身的慨叹。他的诗词关于秋冬的描写，多达一百多首，这并不是因为名唤冬郎的他，对秋冬的喜欢，而是寒疾对他身心的伤害。因寒疾而亡，也就多为众人所接受。

寒疾虽然痛苦，但少有能非常短暂的致命。纳兰七日而亡，似乎又太过匆忙。坊间也便有了"被害"的传言，据说曾在《李朝实录》中有所记载，朝鲜使臣曾将自己的所见所闻，写了封信发回国内。信中有这样的句子："又有成德者，满洲人，阁老明珠之子，自幼文才出群，年才二十擢高第，入翰苑为庶吉士。皇帝嫉其才而杀之。明珠因此致仕而去矣。"此话传出的时候，纳兰容若去世仅仅四年，而纳兰明珠罢相更是刚刚一年。

这般有前因，有后果，倒叫人有些相信了。可细细揣摩，却是很没道理。以纳兰性德的品性，万万不可能威胁到康熙的宝座。才学越高，越是他的好帮手，这点，一代名君，比任何人都清楚。再说，以康熙的胸怀，就算他们有些男女情感中的纠葛，也不至于谋杀他这位少年好友，跟随了十年的侍卫亲兵。至于明珠因儿子所累，被罢去相位一事，更经不起推敲。

这种传言的根源，细细查找，竟然出自一个秀才之口。这位曹姓秀才，是为明朝的信徒，对满人多有厌恶。如此口无遮拦诋毁康熙，也就在情理之中了。

再者，还有"天花"之说。

在旧时，"天花"之病，的确相当恐怖，得者多是非死即残。据说康熙的皇父顺治皇帝，就是得"天花"而死。不过，也有顺治为爱削发出家的传说，那大抵是文艺者的无边臆想，实在无实据依凭。六天而亡的顺治，七天而去的纳兰，更有"不汗"的表象，的确与"天花"病相极其相符。

"天花"是有烈性传染，纳兰容若死后却又停灵数月，这实在又是一个大疑问。

另外，还有自杀的传言。

纳兰容若死于五月三十日，他的妻子卢氏，死于更早年前的同月同天。这让纳兰的亡故，委实蒙上了一种神秘的色彩。的确，在纳兰容若的情感纠葛中，唯有卢氏是他的最爱，最被人称道的，也正是写给卢氏的那些悼亡词。卢氏，一直是他刻骨的怀念。再之，沈宛离去，康熙态度的不冷不热，这样的心灵折磨，终使他生无可恋，决绝而去，似乎也符合情理。更有人，在朋友不久前写给纳兰的诗文里，看到了他将为爱殉情的一些蛛丝马迹。

纳兰容若突然的离去，就这样给世间留下了难解的谜局。更让人不解的是，五月三十日这天，纳兰明珠还在朝堂上，向康熙请旨。以他对儿子的那份挚爱，如果知道纳兰容若病情如此之重，又怎会轻易离开半步？唯一的解释是，纳兰的病，并不是想象的那么重。

可纳兰容若就这样突然离去了，看似了断，却是这样未断，留下让人理还乱的千丝万缕。

说的人，语焉不详；听的人，云里雾里。

康熙二十五年，也就是纳兰容若逝后的第二年，葬在皂角屯的祖坟里，和曾经阴阳两地的妻子卢氏，终于同在彼岸。经幡飘摇，素带低飞。

人常说，盖棺定论，可纳兰容若的身后事，又岂止他的《饮水词》惆怅满纸。还有，那情，那伤，那归去……

断肠声里忆平生

最初的相遇，哪怕是一滴泪，春雨秋霜叠又叠，在人们多年后的回望里，却更是琥珀样的美。因为，那是值得的忆念。轻舟万里，不负岸边的挥手。一个情字绵绵又绵绵，维系生前身后。人生一场，无不是花落的结局。谁是那风中去无定踪的再飘零，谁又是葬花人一哭再哭的还悲伤？浅浅、深深，深深、浅浅，高高低低的音符，成传唱，成遗忘。

风，吹得散的是浮尘；吹不散的是人心。生有挚爱，才有死的追随。还是那一个情字，抵得过重重荣华富贵成灰。千古悠悠，史册里上位的王侯将相，也不过是残风破月里冷冷的故垒。人心里的，才是那一溪清澈不枯，一轮皎洁不亏。洗前生的情，洗后世的心。

久远的，未必是那铿锵震耳的喧嚣。静静的，那一朵，却原来就是真爱。因为凋零时，你听到了自己心碎的声音，噼啪，是一个世界的崩溃。只可惜，错过了。仅仅错过了还好说，一转身，或许那身影并没远离，再一个追逐，命运还有可能还一个重逢。最伤痛，错过却成死别，再回头，可以望断千山万水，但那一抹忘川的深渊，却望不断。唯有素手拨琴，零乱成哭，声声是那断肠忆。

原本，没有谁可以从这个世界，真正地抽身而去。纳兰容若，更不能，惹多少事后唏嘘。

纳兰容若的亡故，京城一片哀叹之声。而那个被人遗忘的女子，更是在江南日夜思念。那时的不辞而别，都以为是她负气而走，虽然说确也有些许的误会和抱怨。更因了是纳兰明珠的苦苦相求。对于纳兰容若，可以说明珠用尽了一个父亲的一切倾心而爱，除了大事上的小有归拢，其他，可以说是无边的放纵。半生恣意而行，从无苛责和激励于儿子的仕途。他懂得，戾气浓重的官场，柔软的儿子不宜，更何况他还太年轻。只要儿子快乐就好，任他结交落魄的寒士，甚至是被皇帝怒斥过的贬官。这，都难免惹起朝廷的不满，明珠总是一次又一次在皇帝和群臣面前，拱手致歉，甚至叩头赔罪。他用自己细致的呵护，给纳兰容若围起一个肆无忌惮的乐园。有人说明珠贪婪，可谁知他的贪婪里，有多少是为了他这个儿子？纳兰容若的衣服，沾身即为旧物，从没有第二次的水洗。儿子一句喜欢江南，他即刻购置一片湖水，筑起那玲珑的亭台。从此渌水亭这里，琴棋书画诗酒花，成了纳兰容若无边的风雅。像江南，向江南。

人说，三十而立。三十的儿子可以有些担当了，正好康熙对于纳兰容若，有了些重用的迹象，明珠这才站在儿子面前，说些关于前途的话。此时却是纳兰容若，和江南的那个汉家女子情痴心痴的时候。明珠不舍得把话说得太过严厉，也只有些蜻蜓点水似的表达，慢慢说给容若听。既然不好正面劝阻儿子，他只好悄悄来到德胜门的那所别院，希望那个女子能够放手，好给儿子一个朝服官靴的前程。

父亲对儿子的爱是真诚的，门外，明珠备好了车马，和一车马的金银。

沈宛，也为一个父亲的真诚打动，不为那一车金银，只希望自己一闪身，就可以让爱的男人迈步朝廷的殿堂。那，何尝不是她的荣耀。只要两人都在，岁月会给他们更好的相遇，何况还有未出生的孩子，为此，那样的相遇将会更加明朗。她，退一步江南，给他进一步的大好机会。于是，她在那个傍晚给了那位父亲一个承诺。

月色里，一叶扁舟摇摇曳曳，孤影而去，没有哭泣，只有依依的留恋。回首再回首里，皇城已远。

沈宛没想到，这一放手，京城竟然有去无回，姻缘竟然有去无回，她只能守一片小小的江南，看一汪小小的水。虽然有些许的叹息，但她从没失望，手边永远放着两本书卷，一本是她的《选梦词》，一本是那个他的《饮水词》。情感的叠放，是如此一辈子心心念念的相依。梦是水中的倒影，水是梦中的涟漪。她更是把未来的孩子，放在梦水之间，让两卷词作他的摇椅。一句雨洗竹影，一句雪染重山，给孩子一个南腔北调的，别样童年。让他懂皇城，让他亦懂江南。哪怕是飞来飞去的燕子，两处都有他栖息的枝丫，也不是不好。

沈宛更没有想到，迅速传来的竟然是噩耗，甚至比噩耗更切割心肺。

如果早有预料，她拼死也要守在渌水亭边，哪怕用自己的命，换那合欢的花叶不衰。可是，即使悔恨化作无边的长哭，也不能回到那时。沈宛没有太久的悲伤，不是不爱，不是不疼，是她不敢有太久的悲伤，那时，孩子还没有出生，她要用更精心的自己，来孕育这个小小的生命。那是她和他，水光梦影里的结晶。秋天，沈宛顺利产下纳兰容若的遗腹子，可从此，更不见她的踪迹，偶尔在竹园梦林里一闪，没有谁看得一个真切。偶有她的词，似水如梦地闪现。

> 惆怅凄凄秋暮天。萧条高别后，已经年。乌丝旧咏细生怜。梦魂飞故国、不能前。
>
> 无穷幽怨类啼鹃。总教多血泪，亦徒然。枝分连理绝姻缘。独窥天上月，几回圆。

——沈宛《朝玉阶·秋月有感》

永远的凄凄秋暮天，永远的天上月不圆。沈宛已经化着那江南的烟雨，水一样的梦，梦一样的水，是望不尽的缠绵。让人们读一句纳兰容若，看一眼烟雨江南。

对于纳兰容若，表妹是他的词中莲，卢氏，是他的心中泪，沈宛，则是他的墨中梦。几分初相见，几多常相伴，几缕情如烟。

面对纳兰容若的灵柩，最痛的，其实是父亲纳兰明珠，那些万千宠爱，却是一场空梦。他不舍儿子下葬，站在儿子停灵的寺院，慢慢有了一个老人的痴呆。从此，他再不能专注朝政，再不去揣测皇帝的心意。悻悻上殿，悻悻退朝，再不是与康熙共论江山的，那个股肱之臣。无心的礼仪，无心的奏折，让他一错再错，错到康熙忍无可忍，冷落成朝堂下，一个可有可无的废人。对于一个生无可恋的老人，他已经不在乎结局。在儿子纳兰明珠去世的那时，他已经魂不在尘。不管如何评价清廷上的纳兰明珠，我们都应该致敬每一个这样的父亲。父爱，永如山。

纳兰明珠和徐乾学，曾经是很密切的交集。但纳兰容若去世的时候，他似乎正在朝另一政治阵营靠拢。面对前来吊唁的徐乾学，纳兰明珠知道他不是为自己的情面而来，那仅仅是为儿子而来。那是一个老师对学生，一个挚友对挚友的凭吊。可纳兰明珠还是舍去自己的脸面，紧步上前，握住了这位渐生疏离的手，泣泪道："唯有您最懂容若，还望您为我的儿子来写墓志铭。"

面对真情，面对一个父亲，徐乾学知道应该放下所有的恩怨。他，含泪连连应诺。

> 呜呼！始容若之丧，而余哭之恸也。今其弃余也数月矣。余每一念至，未尝不悲来填膺也。呜呼！岂直师友之情乎哉。余阅世将老矣，从吾游者亦众矣，如容若之天姿之纯粹、识见之高明、学问之淹通、才力之强敏，殆未有过之者也。天不假之年，余固抱丧予之痛，而闻其丧者，识与不识，皆哀而出涕也，又何以得此于人哉！太傅公失其爱子，至今每退朝，望子舍必哭，哭已，皇皇焉如冀其复者，亦岂寻常父子之情也。至尊每为太傅劝节哀，太傅愈益悲不自胜。余间过相慰，则执余手而泣曰：惟君知我子，惠邀君言，以掩诸幽，使我子虽死犹生也。余奚忍以不文为辞。
>
> ……

徐乾学是纳兰容若的师长，也是交心的挚友，他为纳兰容若写下这篇《通议大夫一等侍卫进士纳兰容若君墓志铭》，也的确应该。他对纳兰容若的赞美，也是尽出溢美之词，文字中不乏对纳兰府权贵门第的逢迎，但文中最后几句，尤其是"余奚忍以不文为辞"，好似为了撇清一些什么，透着些许不情愿的无奈，有些政治闪躲的意味。在纳兰容若病故前的四月，康熙在朝堂上，有过暗批明珠的圣怒。这大抵是徐乾学墓志铭中，语言张而有收，扬中有抑的缘故。

徐乾学，学问大家，其弟子遍布朝臣各大府第，"满汉皆归其门"。不说对错，他左右附庸，权高拜权，贵荣慕贵的仕途之心，是为世人所不耻。

将这篇悼文交到纳兰明珠手中以后，或许觉得有些亏欠纳兰容若，他随后又写了一篇《通议大夫一等侍卫进士纳兰容若君神道碑文》，继而又写了一篇祭文，也算是对良心的勉强交代。只是后来，他彻底决裂于纳兰明珠，竟然为抄家纳兰府不遗余力。因明珠举荐而成名，因明珠败势更崛起，这位权高拜权，贵荣慕贵的徐乾学，怎不让岁月感叹人心不古？也罢，权当他是顺应时势的智者，远远地，去看那段是非烟云。

纳兰容若病亡，文人墨客纷纷写字当哭。姜宸英写了《通议大夫一等侍卫进士纳兰君墓表》，韩菼写了《神道碑铭》，还有顾贞观的《行状》，严绳孙等人的《祭文》，董讷的《诔词》，张玉书等人的《哀词》等。民众之间的哀挽诗文，更是不计其数。

梁佩兰和纳兰容若，虽然相互多有倾慕，其实没有多少交集。只是这个春天，身在广东的他，收到了一封来自北京的信，信中道：

> 仆少知操觚，即爱《花间》致语，以其言情入微，且音调铿锵、自然协律。唐诗非不整齐工丽，然置之红牙银拨间，未免病其版槢矣。
>
> 从来苦无善选，惟《花间》与《中兴绝妙词》差能蕴藉。自《草堂》《词选》诸选出，为世脍炙，便陈陈相因，不意铜仙金掌中，竟有尘羹涂饭，而俗人动以当行本色诩之，能不齿冷哉。
>
> 近得朱锡鬯《词综》一选，可称善本。闻锡鬯所收词集凡百六十余种，网罗之博、鉴别之精，真不易及。然愚意以为，吾人选本，不必务博，专取精诣杰出之彦，尽其所长，使其精神风致涌现于楮墨之间。每选一家，虽多取至十至百无厌，其余诸家，不妨竟以黄芽白茅白苇从茭荑青琐绿疏间，粉黛三千然得飞燕玉环，其余颜色如土矣。
>
> 天下惟物之尤者，断不可放过耳。江瑶柱入口而复咀嚼，鲍鱼马肝有何味哉。仆意欲有选如北宋之周清真、苏子瞻、晏叔原、张子野、柳耆卿、秦少游、贺方回，南宋之姜尧章、辛幼安、史邦卿、高宾王、程钜夫、陆务观、吴君持、王圣与、张叔夏诸人多取其词，汇为一集，余则取其词之至妙者附之，不必人人有见也。
>
> 不知足下乐与我同事否？有暇及此否？处雀喧鸠闹之场而肯为此冷澹生活，亦韵事也。望之。望之。

梁佩兰为信中的真情所动，也为纳兰容若纵横万千的学识所折服。虽然闻其少年嘉惠，但不曾来往，如此书信一读，让他心有恨不早相逢的感叹。于是他毫不犹豫驱车北上，渌水亭一见，更对纳兰容若欣赏有加，决意和他共谋新本花间词的编撰，做精做细，而成为传世的至善之本。谁知一宴之欢，竟然成生死再难见的别离。唏嘘之余，梁佩兰无心京城，哭灵而去，从此也无意花间，隐于广州丛桂坊。后来为何康熙五十寿诞，他无奈奉诏再进京，因无心权贵，再又想起和纳兰容若相约的《花间词》一事，愈加心灰意冷，不足月余，又扬长而去。一路上斗笠蓑衣，山水成闲，草木成吟，不闻红尘世事。两年后，驾鹤仙去，葬于广州白云山柯子岭，向阳安魂，看海听风，不问京城盛衰。

传言，正是纳兰容若盛年的病故，才让梁佩兰断了红尘之恋，他以生又何欢的方式，祭奠这位初相见，便相别，永相忆的词间好友。

又多年之后的曹寅，已经是白发满头，忆起曾经的好友纳兰容若，依然感叹不已："家家争唱饮水词，纳兰心事几曾知？斑丝廊落谁同在？岑寂名场尔许时。"

纳兰容若，三十一年的光阴，却是短短的无人懂得。

纳兰容若，不是人间富贵花，却是人间惆怅客，情是他一生唯一的行囊，背不动，放不下。此去天涯长路，愿他洗却铅华，流年永不负锦心，归水，归月，归梦。

附录

纳兰词精选

浣溪沙

谁念西风独自凉？萧萧黄叶闭疏窗。沉思往事立残阳。
被酒莫惊春睡重，赌书消得泼茶香。当时只道是寻常。

浣溪沙

欲问江梅瘦几分。只看愁损翠罗裙。麝篝衾冷惜余熏。
可耐暮寒长倚竹，便教春好不开门。枇杷花底校书人。

浣溪沙

残雪凝辉冷画屏。落梅横笛已三更。更无人处月胧明。
我是人间惆怅客，知君何事泪纵横。断肠声里忆平生。

如梦令

正是辘轳金井，满砌落花红冷。蓦地一相逢，心事眼波难定。谁省？
谁省？从此簟纹灯影。

如梦令

木叶纷纷归路，残月晓风何处。消息半浮沉，今夜相思几许。秋雨，秋雨。一半西风吹去。

蝶恋花

萧瑟兰成看老去。为怕多情，不作怜花句。阁泪倚花愁不语。暗香飘尽知何处。

重到旧时明月路。袖口香寒，心比秋莲苦。休说生生花里住。惜花人去花无主。

蝶恋花

今古河山无定据。画角声中，牧马频来去。满目荒凉谁可语。西风吹老丹枫树。

从前幽怨应无数。铁马金戈，青冢黄昏路。一往情深深几许。深山夕照深秋雨。

蝶恋花

辛苦最怜天上月。一昔如环，昔昔都成玦。若似月轮终皎洁。不辞冰雪为卿热。

无那情缘容易绝。燕子依然，软踏帘钩说。唱罢秋坟愁未歇。春丛认取双栖蝶。

落花时

夕阳谁唤下楼梯。一握香荑。回头忍笑阶前立，总无语也依依。

笺书直恁无凭据，休说相思。劝伊好向红窗醉，须莫及落花时。

于中好

背立盈盈故作羞。手揉梅蕊打肩头。欲将离恨寻郎说，待得郎归恨
却休。

云淡淡，水悠悠。一声横笛锁空楼。何时共泛春溪月，断岸垂杨一
叶舟。

于中好

独背斜阳上小楼。谁家玉笛韵偏幽。一行白雁遥天暮，几点黄花满
地秋。

惊节序，叹沉浮。秾华如梦水东流。人间所事堪惆怅，莫向横塘问
旧游。

浪淘沙

红影湿幽窗，瘦尽春光。雨余花外却斜阳。谁见薄衫低髻子？还惹
思量。

莫道不凄凉，早近持觞。暗思何事断人肠。曾是向他春梦里，瞥遇
回廊。

减字木兰花

相逢不语，一朵芙蓉著秋雨。小晕红潮，斜溜鬟心只凤翘。

待将低唤，直为凝情恐人见。欲诉幽怀，转过回阑叩玉钗。

减字木兰花·新月

晚妆欲罢，更把纤眉临镜画。准待分明，和雨和烟两不胜。

莫教星替，守取团圆终必遂。此夜红楼，天上人间一样愁。

荷叶杯

帘卷落花如雪，烟月。谁在小红亭？玉钗敲竹乍闻声，风影略分明。

化作彩云飞去，何处？不隔枕函边。一声将息晓寒天，肠断又今年。

鹊桥仙·七夕

乞巧楼空，影娥池冷，说着凄凉无算。丁宁休曝旧罗衣，忆素手为予缝绽。

莲粉飘红，菱花掩碧，瘦了当初一半。今生钿盒表予心，祝天上人间相见。

眼儿媚

林下闺房世罕俦，偕隐足风流。今来忍见，鹤孤华表，人远罗浮。

中年定不禁哀乐，其奈忆曾游。浣花微雨，采菱斜日，欲去还留。

虞美人

银床淅沥青梧老，屧粉秋蛩扫。采香行处蹙连钱，拾得翠翘何恨不能言。

回廊一寸相思地，落月成孤倚。背灯和月就花阴，已是十年踪迹十年心。

虞美人

春情只到梨花薄，片片催零落。斜阳何事近黄昏，不道人间犹有未招魂。

银笺别记当时句，密绾同心苣。为伊判作梦中人，索向画图影里唤真真。

踏莎行·寄见阳

倚柳题笺，当花侧帽，赏心应比驱驰好。错教双鬓受东风，香吹绿影成丝早。

金殿寒鸦，玉阶春草，就中冷暖和谁道？小楼明月镇长闲，人生何事缁尘老。

画堂春

一生一代一双人，争教两处销魂。相思相望不相亲，天为谁春？
浆向蓝桥易乞，药成碧海难奔。若容相访饮牛津，相对忘贫。

相见欢

落花如梦凄迷，麝烟微，又是夕阳潜下小楼西。

愁无限，消瘦尽，有谁知？闲教玉笼鹦鹉念郎诗。

采桑子

彤云久绝飞琼字，人在谁边。人在谁边，今夜玉清眠不眠。

香销被冷残灯灭，静数秋天。静数秋天，又误心期到下弦。

采桑子

桃花羞作无情死，感激东风。吹落娇红，飞入闲窗伴懊侬。

谁怜辛苦东阳瘦，也为春慵。不及芙蓉，一片幽情冷处浓。

采桑子

拨灯书尽红笺也，依旧无聊。玉漏迢迢，梦里寒花隔玉箫。

几竿修竹三更雨，叶叶萧萧。分付秋潮，莫误双鱼到谢桥。

采桑子

非关癖爱轻模样，冷处偏佳。别有根芽，不是人间富贵花。

谢娘别后谁能惜，漂泊天涯。寒月悲笳，万里西风瀚海沙。

临江仙

飞絮飞花何处是？层冰积雪摧残。疏疏一树五更寒。爱他明月好，
憔悴也相关。

最是繁丝摇落后，转教人忆春山。湔裙梦断续应难。西风多少恨，
吹不散眉弯。

清平乐

青陵蝶梦，倒挂怜么凤。褪粉收香情一种，栖傍玉钗偷共。

惝惝镜阁飞蛾，谁传锦字秋河？莲子依然隐雾，菱花暗惜横波。

木兰花令·拟古决绝词

人生若只如初见，何事秋风悲画扇。等闲变却故人心，却道故人心
易变。

骊山语罢清宵半，泪雨霖铃终不怨。何如薄幸锦衣郎，比翼连枝当
日愿。

南乡子·为亡妇题照

泪咽却无声，止向从前悔薄情。凭仗丹青重省识，盈盈，一片伤心
画不成。

别语忒分明，午夜鹣鹣梦早醒。卿自早醒侬自梦，更更，泣尽风檐
夜雨铃。

菩萨蛮

隔花才歇帘纤雨，一声弹指浑无语。梁燕自双归，长条脉脉垂。

小屏山色远，妆薄铅华浅。独自立瑶阶，透寒金缕鞋。

长相思

山一程，水一程，身向榆关那畔行，夜深千帐灯。

风一更，雪一更，聒碎乡心梦不成，故园无此声。

点绛唇·寄南海梁药亭

一帽征尘，留君不住从君去。片帆何处。南浦沉香雨。

回首风流，紫竹村边住。孤鸿语。三生定许，可是梁鸿侣？

忆王孙

西风一夜剪芭蕉。满眼芳菲总寂寥。强把心情付浊醪。读离骚。洗尽秋江日夜潮。

浪淘沙

夜雨做成秋。恰上心头。教他珍重护风流。端的为谁添病也，更为谁羞。

密意未曾休。密愿难酬。珠帘四卷月当楼。暗忆难期真似梦，梦也须留。

金缕曲·赠梁汾

德也狂生耳。偶然间、淄尘京国，乌衣门第。有酒惟浇赵州土，谁会成生此意。不信道、遂成知己。青眼高歌俱未老，向樽前、拭尽英雄泪。君不见，月如水。

共君此夜须沉醉。且由他、蛾眉谣诼，古今同忌。身世悠悠何足问，冷笑置之而已。寻思起、从头翻悔。一日心期千劫在，后身缘、恐结他生里。然诺重，君须记。

生查子

东风不解愁，偷展湘裙衩。独夜背纱笼，影着纤腰画。
爇尽水沉烟，露滴鸳鸯瓦。花骨冷宜香，小立樱桃下。

赤枣子

惊晓漏，护春眠。格外娇慵只自怜。寄语酿花风日好，绿窗来与上琴弦。

诉衷情

冷落绣衾谁与伴，倚香篝。春睡起，斜日照梳头。欲写两眉愁。休休。远山残翠收。莫登楼。

纳兰容若年谱简编

1655 年（顺治十一年）

农历 1654 年腊月十二（1 月 19 日），纳兰成德出生于京城，乳名冬郎。其父纳兰明珠二十岁，时任銮仪卫云麾使；其母觉罗氏，英亲王阿济格五女。

同年三月，即 1654 年 5 月 4 日，爱新觉罗·玄烨出生，以旧历计，与纳兰成德同岁。

1657 年（顺治十四年）三岁

卢兴祖以工部启心郎迁大理寺少卿。按，卢兴祖即纳兰容若原配卢氏之父。

1658 年（顺治十五年）四岁

是年 9 月，曹寅生，其即曹雪芹祖父，为纳兰容若少年好友。

1660 年（顺治十七年）六岁

徐乾学中顺天乡试举人。纳兰容若恩师。
顾贞观在江阴会查继佐。纳兰容若忘年好友。

1661 年（顺治十八年） 七岁

正月，清世祖顺治帝爱新觉罗氏·福临卒。太子玄烨即位，是为清圣祖康熙。

二月，罢除由宦官掌持的内廷机构十三衙门，复设内务府。是年，纳兰明珠任内务府郎中。

1664 年（康熙三年） 十岁

三月，纳兰明珠升内务府总管。

春，顾贞观授内秘书院中书舍人。

1665 年（康熙四年）十一岁

春三月，卢兴祖南下任广东总督，因兼摄广西，官职改制为广东广西总督，即两广总督。

1666 年（康熙五年） 十二岁

四月，纳兰明珠由侍读学士，升内弘文院学士。

是年，顾贞观由顺天南元掌国史院典籍。

1667 年（康熙六年） 十三岁

纳兰成德得董讷教授，学业精进。按，董讷，山东平原人，康熙六年一甲三名进士，授编修。著有《柳村诗集》。

七月，康熙亲政。

九月，修《世祖章皇帝实录》，纳兰明珠等人为副总裁。

1668（康熙七年）十四岁
九月，纳兰明珠升任刑部尚书。
时年冬，纳兰明珠阅淮扬河工。

1669 年（康熙八年）十五岁
六月，纳兰明珠等奉旨赶赴福建招抚郑经（郑成功长子）。
九月，纳兰明珠改任都察院左都御史。

1671 年（康熙十年）十七岁
二月，左都御史纳兰明珠、国子监祭酒徐元文充经筵讲官。
十一月，纳兰明珠为兵部尚书。
是年，纳兰成德补诸生，入国子监求学，得徐元文赏识。

1672 年（康熙十一年）十八岁
八月，纳兰成德顺天乡试中举。

1673 年（康熙十二年）十九岁
春日，结识严绳孙（江苏无锡人，著有《秋水集》）等人。
早春二月，纳兰成德会试中试，得贡生。

三月，纳兰成德寒疾突发，错过廷试。

五月，求学于徐乾学。在徐乾学及纳兰明珠帮助下，着手校刻《通志堂经解》。是月，《经解总序》初稿始成。

时年，纳兰成德始撰《渌水亭杂识》。

冬日，徐乾学南还，纳兰成德写诗相送。

妾室颜氏，家世不详，为冲病寒之喜，约纳于此年。

1674 年（康熙十三年） 二十岁

纳兰成德迎娶夫人卢氏。卢氏，即两广总督卢兴祖之女。

1675 年（康熙十四年） 二十一岁

纳兰成德长子富格出生，为妾室颜氏所出。

十月，纳兰明珠转任吏部尚书。

十二月十三，皇子保成立为太子，为避太子名违，纳兰成德更名为纳兰性德。

《风流子（秋郊纪事）》《眼儿媚（红姑娘）》《满庭芳（题芦洲聚雁图）》，或作于此年。

1676 年（康熙十五年） 二十二岁

春三月，纳兰性德中二甲第七名进士。皇太子保成易名胤礽，因"成"字不再避讳，《进士题名录》中已为纳兰成德。

纳兰成德进士及第，时盛传将入馆阁，却久无信息，又无其他委任。

春夏之交，顾贞观入京，与纳兰结为知己。纳兰成德为其"侧帽投壶图"题词《金缕曲》。

夏初,严绳孙返江南,纳兰成德作《送荪友》诗、《水龙吟(再送荪友)》词相赠。

秋,吴县道士施道源入京,归穹隆山时,纳兰成德作《送施尊师归穹隆》《再送施尊师归穹隆》。

此年,与顾贞观初编《今词初集》。《侧帽集》约刻印于此年。

1677 年(康熙十六年) 二十三岁

四月末,卢氏生纳兰成德次子海亮,即福尔敦。因患产后重疾,五月三十日,卢氏亡故,灵柩暂厝双林禅院。纳兰悲伤不已,早晚凭吊,从此"悼亡之吟不少"。

七月,纳兰明珠任武英殿大学士。

成德撰《合订大易集义粹言》成编。

是年秋末冬初,纳兰成德任乾清门三等侍卫。

《渌水亭杂识》编定。

《饮水词》初成。

九月,纳兰成德作《沁园春(丁巳重阳前)》悼亡妻。

是年春,顾贞观南返,开封遇浙江遂安宿儒毛际可。毛为《今词初集》作序,并步韵纳兰成德《金缕曲》,和《金缕曲(题梁汾佩剑投壶图)》一阕,该词亦收入《今词初集》。

秋日,顾贞观复归京城,与纳兰成德续编《今词初集》。

1678 年(康熙十七年) 二十四岁

陈维崧、严绳孙等奉诏进京,与纳兰成德交往日密。陈维崧一度居性德舍。

顾贞观、吴绮为《饮水词》作序。

七月，卢氏停录双林禅院一年零两个月后，葬于京郊皂荚屯。

1679 年（康熙十八年）二十五岁

夏，与陈维崧、姜宸英、张见阳等赏荷于渌水亭。

秋，张见赴任江华县令，纳兰作《菊花新》词相送。

《饮水词》《今词初集》刊成。

1680 年（康熙十九年）二十六岁

姜宸英南归，纳兰成德作《金缕曲（西溟言别，赋词赠之）》。

此年，纳兰成德以侍卫上驷院马政，出牧柳沟、黄花城等近边地牧马。

约在此年，继娶官氏。官氏，即瓜尔佳氏，为朴尔普之女。

秋，顾贞观返京，居纳兰成德为其所筑茅屋。

1681 年（康熙二十年）二十七岁

三月末，纳兰明珠扈从康熙至遵化温泉，群臣观泉赋诗。明珠作《汤泉应制》五言二十二韵。四月初，明珠因身体欠佳先行返京。

1682 年（康熙二十一年）二十八岁

正月十四日，康熙于乾清宫宴群臣。十五日晨，又于太和殿赋柏梁体诗，康熙制首句，纳兰明珠等众臣以次赋九十三韵。

岁初，吴兆骞入纳兰府，为馆师，教授成德弟揆叙。成纳兰成德为汉槎、顾有孝等所编《名家绝句抄》作序。

春，纳兰成德扈从东巡，至盛京，松花江，大小乌拉等地。

严绳孙作《西苑侍直》诗二十首，纳兰以题为《西苑杂咏和荪友韵》和之。

解"马曹"之职，复入内廷，升二等侍卫。

秋，随副都统郎坦奉使梭龙，冬末返京。

十一月，纳兰明珠加赠太子太傅。

1683 年（康熙二十二年）二十九岁

二月，扈从赴五台山。

夏秋间，吴兆骞返京，复入纳兰府，仍授业揆叙，与纳兰成德研习《昭明文选》。该文选为我国现存最早的一部诗文选本。

1684 年（康熙二十三年）三十岁

五月，扈从古北口外避暑。约月余归。

六月，纳兰明珠兼《大清会典》总裁官。

八月，扈从南巡扬州、苏州等地，途中得《竹垆新咏卷》。十一月至江宁，会曹寅。

约秋末，沈宛随顾贞观赴京。

岁末，纳沈宛为妾，于德胜门内置房安顿。

此年，作书广州，邀梁佩兰赴京同编词选。

1685 年（康熙二十四年） 三十一岁

三月十八日，康熙诞辰，书《早朝》诗赠纳兰成德。四月末，令纳兰赋《乾清门应制》诗，译其作《松赋》为满文。纳兰成德有获重用之兆。成德升一等侍卫。

春末，梁佩兰抵京，入纳兰府，议编词选事宜。

四月，严绳孙弃官南归，与纳兰别，纳兰作诗相赠。

五月，曹寅入京，纳兰为其《楝亭图》作《满江红》为题。明珠充《政治典训》总裁官。

五月二十二日，梁佩兰、顾贞观、姜宸英同欢渌水亭，赋同题诗《夜合花》。次日，纳兰卧病。

五月三十日，纳兰七日不汗亡故。时康熙率众臣北巡，特许纳兰明珠不必随行。

约秋末冬初，沈宛产纳兰遗腹子富森。

1686 年（康熙二十五年）

是年，纳兰葬京郊皂荚屯。

徐乾学撰《墓志铭》《神道碑文》。

韩菼撰《神道碑铭》。

姜宸英撰《墓表》。

顾贞观撰《行状》。

董讷撰《诔词》》。

蔡升元等五人撰《挽词》。

张玉书等六人撰《哀词》。

严绳孙等十八人撰《祭文》。

徐元文等二十七人撰《挽诗》。

图书在版编目（CIP）数据

纳兰容若词传 / 孔祥秋著 . —— 南京 : 江苏凤凰文
艺出版社 , 2020.3（2020.6 重印）
　ISBN 978-7-5594-4206-2

　Ⅰ . ①纳… Ⅱ . ①孔… Ⅲ . ①纳兰性德（1654-
1685）- 传记②纳兰性德（1654-1685）- 词（文学）- 诗歌
欣赏 Ⅳ . ① K825.6 ② I207.23

中国版本图书馆 CIP 数据核字 (2019) 第 272472 号

纳兰容若词传

孔祥秋 著

责任编辑	王昕宁
特约编辑	向　敏　苗玉佳
装帧设计	倪　博
责任印制	刘　巍
出版发行	江苏凤凰文艺出版社
	南京市中央路 165 号，邮编：210009
网　　址	http://www.jswenyi.com
印　　刷	北京永顺兴望印刷厂
开　　本	880 毫米 ×1230 毫米 1/32
印　　张	7
字　　数	200 千字
版　　次	2020 年 3 月第 1 版　2020 年 6 月第 2 次印刷
书　　号	ISBN 978-7-5594-4206-2
定　　价	39.80 元

江苏凤凰文艺版图书凡印刷、装订错误可随时向承印厂调换